第四道靈性大師葛吉夫入門

觀察自己

SELF OBSERVATION:

The Awakening of Conscience
[An Owner's Manual]

新星球

雷德・霍克（Red Hawk）——著

孫霖——譯

導讀

自我觀察是條讓你不斷前進的道路

Introduction

對靈修開始有興趣超過十年了，讀了不知多少書，上了不知多少課，學了不知多少法門，還寫過幾本書，最終我還是深深的感悟到：觀察自己最重要。這是靈性成長最基本的功夫，很容易就學會，但是很難堅持。在上膩了各式各樣的靈修課程、對所謂的靈修大師一再失望之餘，我真真切切的領悟到，回歸自己才是最有效的靈修方法，這時候老天讓我碰到了《觀察自己》這本書，非常淺顯易懂而又好讀的一本書，但卻是前所未有的實際和有效。

作者是葛吉夫（G. I. Gurdjieff）的學生（當然，他太年輕了，所以沒有見過他心儀的這位老師），他有感於有關葛吉夫的著作大多深奧難懂，所以特別從葛吉夫眾多教導當中汲取了最精華、最重要的部分——自我觀察，以非常簡明扼要的語言，提供了有效的實際操練方法給讀者，讀來讓我愛不釋手。而最讓我感動的就是他的平易近人，雖然是在寫書指導別人，但是他毫不隱晦自己個性上的缺點和生活中的挫敗，每個章節之間還用很多幽默風趣的詩來調侃自己，讀來令人莞爾，並且心有戚戚焉。

書中提到：「自我意識覺醒的人到達了一個高度以後，會開始進入一種新的痛苦當中：清晰的觀察到內在分裂的自我以及散亂的特質，並且會因此而受苦。而這痛苦正是人類生活的重要動力。因為我們內在不是統一的，沒有一個隨時隨地都在的『我』，我們的內在有一群『我』，它們是分裂的，互相爭吵、競爭、打鬥。」這段話解答了我的困惑：長久以來，我就納悶為什麼很多人（當然包括我自己）可以說法說得很好，寫書寫得很好，可是卻不能夠在生活中完全展現自己所教導或是傳授的那種狀態。原來人的內在是有很多不同的「我」在當家作主的，如果我們願意去面對它們（這樣會讓我們很痛苦！這叫做自願的受苦），用公正的、超然的「觀察的我」，毫不批判的去看到這一個個的「我」，看到它們的運作，那麼一切就會改變。這是作者引用量子物理學的理論「觀察者改變觀察物件」而發展出來的。然而不帶批判並且無意改變觀察物件的觀察，需要持續很長一段時間，累積了像滴水穿石一般的功夫，才能夠看到效果。但是就我個人經驗來說，這真的是最究竟根本的方法。

作者提出的方法其實很簡單：隨時注意不必要的思緒和不恰當的情緒，記得自己——那就是「找到身體，讓注意力回到對身體的感覺上並放鬆身體」。這是非常非常簡單的操練方法，它的唯一難度就是很多人不去做，或是想不起來去做。作者建議，每日三十分鐘以上的靜坐練習非常重要，可以幫助你在當下把注意力放在自己的身體上面。

而我自己的做法則是，我每天會站樁一個小時，有時會加上靜坐半小時，在日常生活中我也時刻提醒自己要「回到身體的感覺上，放鬆」，尤其是思緒混亂或是有情緒困擾的時候。我以前還買過一小時會嗶一聲響的手錶來提醒自己，要活在當下。然而，如果不是上了那麼多的課、跟了那麼多的老師而只感覺到「過盡千帆皆不是」之後，我才不會這麼心甘情願的回頭來做這個靈修的最基本功。

如果讀完本書而不去實踐，那這只會是一本好看的、讀了以後會讓你恍然大悟自己問題在哪裡的書，而你永遠就是停在那裡，不會前進的。唯一能讓你前進的道路就是練習，不斷的練習。

讓我們一起共勉吧！

身心靈作家 張德芬

譯者序

與葛吉夫第四道之約的開始

Preface

第四道（The Fourth Way）是什麼？

它是創始人葛吉夫在十九世紀末到二十世紀初，在中亞、中東、印度、西藏乃至埃及，經過數十年的探索和修煉形成的一套修行體系。它有別於只針對理智下功夫的瑜伽之道，有別於只針對情感下功夫的僧侶之道和只針對身體下功夫的苦行僧之道，第四道同時對這三個部分下功夫，以便讓我們的這三個組成部分和諧發展，從而達到「記得自己」，發展高等意識的目的。因此葛吉夫將他的道路稱為第四道，將他與學生們一起走向覺醒的努力稱為「工作」（work）。

葛吉夫在世時會以他自身的存在和言行，為學生們創造各種各樣的衝擊，激發他們自身的反應模式，以此來說明他們看清自己的模式和記得自己。比如，葛吉夫會在與學生坐長途火車時裝醉，在半夜大呼小叫，驚擾旅客，藉以讓學生學會在這樣尷尬的局面下回到自己的內在，不忘記自己的「工作」。他會在高級餐廳裡故意大聲斥責與他一同進餐的學生，並去觀察他們的反應。他甚至故意邀請一些對修行完全不感興趣的人，或是行為舉止非常令人反感的人，到學生們的活動中攪局，藉此讓學生們適應不同的修行環境。

在葛吉夫離開我們之後，很難有人能夠站在他那樣的高度為我們創造條件。我們必須在生活中去為自己創造條件。事實上我們甚至不用去創造條件，在生活中所經歷的一切體驗，統統可以被我們用做自我觀察和記得自己的資源。

我們需要去瞭解自我觀察的內容、方法及步驟。但更重要的是要找到我們內心想要真正清醒過來的一種強烈渴望。有了這股動力，我們才能記得要去自我觀察。有了這股動力，我們才能不懈的努力。

葛吉夫在初次會見對他和他的方法感興趣的人時，通常會使出很多「怪招」來試探他們的決心和動力。他會反覆發電報、捎口信讓一個想要來追隨他的學生「不要來」，因為「不想見」。而當這個學生經過內心的掙扎還是出現時，他會露出會心而滿意的微笑。他會見上層社會的人時，可能會臨時不守信用改變會見地點，請他們去汙濁混亂的小酒館見面，甚至還講出「這裡通常會有更多的妓女」這樣的話語。有一次，他去美國教學，當時美國已經頒布了禁酒令，他仍舊故意把一大瓶烈酒塞在外衣裡並明顯露出來，讓每一個來迎接他的人都能看到。他這樣做的目的無非是想過濾掉那些沒有真正渴望和動力的人，將自己的精力花在那些真正的求道者身上。

所以，在此請讀者誠懇的詢問自己的內心，覺醒、自我觀察、開發高等意識……你真的想要嗎？為此你願意付出多大程度的努力和代價？

一本書可能會給頭腦帶來改變，但只有身、心、頭腦都改變了，一個人才會真正改變。如果一本指導修行的書無法引發具體的行動和嘗試，以及由此產生的身心轉變，那麼它的意義也就只能侷限在傳播理論或理念的層面。

本書是一個很好的工具。你的收穫直接取決於你如何來利用它。

祝福你們從中得到最大的收穫！

孫霖

目錄 CONTENTS

前言

Prologue

教導 The Teaching

它像石頭一樣古老
它隨著人類來到地球
它給予人類一條出路
離開悲苦編織的大網

但人類需要為此付出代價：
我們必須觀察自己
客觀的觀察我們的行為
以及我們內在外在的反應
這意味著對於通過自我觀察發現的恐怖狀況
既不執著
也不去改變

就像一個淘氣的孩子
用棍子翻轉一塊石頭
發現下面爬滿蠕蟲
卻克制自己不去踩踏它們

——選自雷德．霍克（*Red Hawk*），《權力的方式》（*The Way of Power*），第67頁

chapter

I

觀察自己
——瞭解自己

SELF OBSERVATION
——*Know Thyself*

知人者智，自知者明。

——老子，《道德經》，第 33 章

去瞭解你自己吧，人生逆旅中疲憊的靈魂。

我迷失了。我已經忘了「我是誰」和「我為什麼來這裡」。

瞭解自己是人類的一種基礎靈性教導，自從具有大腦新皮質或者說具有人類大腦的人出現以來，一直都有老師在進行這樣的教學。「瞭解自己」這句話被書寫在畢達哥拉斯學院的大門上，被鐫刻在德爾斐阿波羅神廟的入口處。它也是蘇格拉底、奎師那（Krishna）、佛陀、老子、耶穌、拉瑪（Rama）的教學內容。在覺醒的道路上，這種教學是最根本的。

瞭解自己最核心的工具就是自我觀察。佛陀稱之為覺察，奎師那稱之為冥想，耶穌稱之為見證，葛吉夫先生稱之為自我觀察。這是一種沒有語言的祈禱。這是一種行動中的冥想。除非我能瞭解自己，否則我都被習慣所驅使。我既無法看到這些習慣，也無法控制它們。我就是一部機器，一個自動裝置，一個原地轉圈的機器人，只能夠不斷重複自己的習慣。我沒有覺察力，完全是無意識、習慣和機械的[*1]。我想像自己是有意識的、清醒的和有覺察力的，只因為我的眼睛是睜開的。但我的習慣卻是無意識的、自動運行的，其中沒有意志，也沒有意圖[*]。在內在，我是沉睡的。

更為嚴重的是，因為我是無意識的，只是個受制於習慣的生物，我會去傷害自己、他人和環境。人類的身體就是哺乳動物，所有的哺乳動物都是受制於習慣的生物。我們是群體性動物。習慣是我們體內無法忽視的強大力量，它使我搞不清「我」

是誰（「我」就是注意力*或意識*），只認同於我的身體；它使我有一種強烈的需求，要認同和歸屬於我的群體。群體性動物不會為自己思考，群體會為它思考和採取行動。無論群體去哪裡，我們都會跟隨，即使我們被引向懸崖、引向死亡，我們仍舊會跟隨，而不會背離群體去為自己思考。因為為自己思考、瞭解自己會有被群體排斥的風險。而對於一隻哺乳動物來說，這種排斥就好像是判了死刑一樣。與群體在一起是安全的，一隻草食性動物如果被孤立，它就離死亡不遠了，很容易被肉食性動物所獵殺。我們內在的本能都很清楚這一點，都很懼怕被群體孤立。所以讓一隻哺乳動物為自己思考、觀察自己和瞭解自己是非常困難的。這不是哺乳動物天然的習性。這需要有意識的努力和意圖，需要勇氣和專注力*。據我所知，人類是唯一一種能進行自我觀察的哺乳動物。

我這裡不是在暗示瞭解自己後，我們的習慣就會改變，這些習慣有著長期以來

* 文中出現有打星號「*」的專有名詞，詳細說明請見書末的詞彙註釋及中英文對照表。

的慣性和情緒給予它們的力量，它們會不斷重複。我能改變的是我與這些習慣的關係，這就叫做「情境的變換」。以我現在的狀況，我處於與習慣認同（即認為「我就是習慣」）的狀態。我將自己等同於我的習慣，它們就是我。所以「我」和習慣是一體的，是一樣的。我處於認同的狀態。通過耐心、誠實、穩步和真誠的自我觀察，這種認同*就會改變。我可以開始客觀*去看待這些習慣，而不去認同它們，就像一個科學家在顯微鏡下觀察病菌一樣。這是一種為擺脫習慣的控制所做的抗爭，而不是一種與習慣對抗的抗爭。鄔斯賓斯基（P. D. Ouspensky）曾經提到過一個例外的情況，即在對抗表達負面情緒*的習慣時，我們需要與習慣對抗。但這不會帶來意外或不好的結果。我可以開始研究這個哺乳動物的身體，瞭解它的習慣。因為它是一個受制於習慣的生物，會不斷重複。於是我可以開始辨別它的模式，無論是理智的、情感的還是身體層面的。於是我可以開始瞭解自己。

這個身體是一個由哺乳動物構成的機器，是一個受制於習慣的生物，所以它是可以預測的。麋鹿每天總是沿著同一條小徑去水源飲水，獅子會觀察並學會潛伏在路上等候麋鹿的出現。同樣的，內在的觀察者可以逐漸開始對這個哺乳動物構成的機器，或者說這個身體的慣性行為，進行預測，並做好準備。學習這些模式並瞭解自己，是讓我能夠變得更有意識、不再任由習慣擺布的唯一希望。

如果我看到某個習慣一萬次或者更多次，我就可以預測它會在何時何地以何種方式呈現。畢竟它以往已經像這樣呈現很多次了，我能夠在它呈現之前就做好準備。這時我就可以選擇以不同的方式反應。當我可以更加客觀去看待某個習慣時，我就可以不再總是成為它的犧牲品，並且在內在找到穩定和寧靜的感覺，並讓自己的語氣、行為、情緒和思緒得到適當的調整。這樣，我就可以恢復與生俱來的清醒和「基本的良善」*。

自我觀察是一個可以帶來上述結果的工具。有些人稱它為「第一工具」，有些人稱它為「人類的工具」。通過這個工具，人類可以操控、修復和維護他們的身體，馴化和訓練身體的機能。沒有這個工具，我就是一部機器，一個自動裝置，一個機器人，任由內在和外在那些無意識、習慣和機械的力量擺布。自我觀察對於讓靈魂*從無意識的夢境中覺醒非常重要。即使是一個傻瓜也可以利用身體這個機器，學會如何有效操控這個機器*及其隨之而來的工具。想要有效使用這個工具就需要練習自我觀察。我現在是一名機械師，我已經對使用機器的工具有些瞭解。我不是大師，但我是個很好的機械師，因為我已經發展出對這個機器的注意力。我們都知道一個誠懇、高效、務實並且有覺察力的機械師可以提供很棒的服務。本書就是一本由一名機械師撰寫的使用手冊。

在開始的時候，我需要提出以下善意的和負責任的忠告：這裡所討論的不是一個要人信仰的方法，而是一個研究自己、瞭解自己的方法。所以，這裡提及的一切，你都不要盲目相信，它必須經過你親身體驗加以驗證。我不是大師，我只是個不錯的機械師。安全來自於不再輕信他人所說的話。我們長久以來都盲目跟隨，像羊或其他群體性動物一樣，跟隨著引領者，哪怕他把群體帶向懸崖或戰爭。

一切都必須通過個人體驗加以驗證，否則就只是另一種形式的奴性，在無意識和機械性對我們的捆綁之外再增加一條鎖鏈。驗證，驗證，自己去驗證一切，把自己從長久以來的盲從和不會為自己思考的習慣中解脫出來，這才是通往自由的最佳途徑。

我再次重申，我們練習的不是一個需要信仰的方法，信仰之路是另一條道路。但這並不意味著在這條路上完全沒有信仰存在的空間。一個人如果長期實踐這種「務實的自我工作」，他就會發現：如果他以信仰開始工作，他的信仰會因不帶評判的自我觀察產生的收穫而得到加強；如果這個人在開始時像我一樣沒有信仰，早晚他會發現在實踐中找到了信仰。這是不是很有諷刺意味？這不是一條基於信仰的道路，信仰是上天的恩典，它來自造物主*，並被給予那些需要它的人們。我們無法通過自己的努力獲得信仰，但我們可以準備好收獲信仰的土壤。這就是工作*的諸多回報之一。

在這裡我們絕對不要憑著信仰去接受任何東西，我們需要通過耐心而不帶評判的自我觀察和親身體驗，自己去驗證一切東西的價值和真實性。

瞭解自己

蘇格拉底曾經勸誡弟子這樣做
每一位大師都教導弟子要觀察自己
以便能夠瞭解自己
他們之中也包括耶穌，他稱此為見證

而另一方面
我不是大師
我要說不要這麼做，以上帝之名

大師們從未告訴我們
這麼做會帶來什麼樣的麻煩
我們再也無法輕易沉睡在
我們那些無意識、自私和瘋狂的習性中

而那些現在躲藏於內在的無意識部分
也將會被展現出來
就像打開地下室的門，開啟燈光後
你會發現下面就像是擠滿精神病患的瘋人院

有些人裹著骯髒殘破的單子
還有些人赤身裸體並流著口水
他們抓著撓著想要爭取擠上樓梯出逃

身披光芒的天使
平靜的站在他們中間
周圍的人幾乎都在擁擠哭泣
而天使則溫柔觸碰他們炙熱的額頭加以安撫

這就是我要警告你們的：
不要介意那些擁擠的瘋子們
他們無處不在
而一旦你在內在邂逅那位天使
那份感傷和對祂的渴望
將會撕扯你煩擾你
時時刻刻
直到生命的盡頭

chapter

II

哺乳動物機器
——內在運作機制

THE MAMMAL INSTRUMENT
——*Inner Process*

當認同於頭腦時，你無法很睿智，因為你認同於一部機器，你被這部機器和它的侷限所限制了。但你是無限的——你就是意識。
使用頭腦，但不要成為它……頭腦是一部美妙的機器。如果你可以使用它，它會為你服務；如果你無法使用它，它就開始使用你，它具有破壞力，很危險。它必將把你帶入痛苦與煩惱……頭腦無法觀察，它只能不斷重複它被輸入的東西。它就像一台電腦，開始時你需要輸入一些東西……但你一定要保持主人的地位才能使用它，否則它就開始指揮你。

——奧修（Osho），《法句經：佛陀之路》（*The Dhammapada: The Way of the Buddha*），第 171 頁

從降生到這個世界上開始，我們接受的教導很多都是謊言。那些說謊的人很多都是出於無知，而不是故意的。這些謊言中最重要的一條就是「我們有一個靈魂」。這是很惡劣的教育，因為它暗示靈魂是與我們分開的。這就好比說「我有一輛車」，這輛車就變成了我的占有物，與我是分開的。於是我們長大後就相信靈魂是在身體裡的某個地方，是我的一個占有物，但不是我。

正確的教導會讓我理解不是「我擁有一個靈魂」，而是「我就是一個靈魂，短暫存在於一個人類生物機器*，即人體裡」。我們是擁有人類體驗的靈魂。據我所知，我們人類是這個星球上唯一一種在同個身體裡具有雙重特性的生物：我們是一種叫「人類」的哺乳動物，也就是這個身體，而同時我們也是另一種「存在」*，既不是哺乳動物也不是這個身體。在這裡我說的「存在」指的就是靈魂，被送到地球上的靈魂，實際上是被送到一所專門替未成熟靈魂所準備的幼稚園裡，我們是處於胚胎期的靈魂。我們被送到這裡來成長，並且會得到幫助，因為我們無法獨自成長。但只要我們願意看、願意聽，那幫助會一直都在。在所有可以支援我們的資源中，自我觀察是最關鍵、最有幫助、最揭露、最直接和最有針對性的。

我們降生在一個美妙的系統裡，它與創造我們和這個系統的高等智慧一樣完美和精密。我們需要在這所靈魂學校，這所幼稚園裡，高效、安全和充分的活動和發展，所以我們靈魂功課的設計與推行標準教育的普通學校不一樣。在這所靈魂學校裡，自我觀察會精確揭示出每一個靈魂的個體需求，以及滿足這些需求所需的時間、方式和速度。我們的學習速度是不一樣的，非常聰明的人可能會學得很慢。自我觀察所得到的收穫與我們的觀察能力和意願相符，不會更多也不會更快。因此，這些功課很安全，是依據每個靈魂的獨特需求量身訂作的，我們可以自己控制學習量和學習速度。

你們首先要瞭解一件事（在這本書中我會以各種方式反覆強調它，因為它對於人類的頭腦來說是難以置信的），那就是：進行自我觀察是一個人在行為層面所要做出的唯一改變。行為、情感和思維等其他所有方面的根本改變，都是這種努力的副產品。換句話說，自我觀察是人類生物機器的內在世界中具有革命、進化的徹底改變。二十世紀的德國物理學家維爾納．海森堡（Werner Heisenberg）提出了一個改變我們對物理學看法的洞見——「海森堡測不準原理」（Heisenberg's uncertainty principle），即觀察的行為會改變觀察對象，這在微觀世界的次原子粒子中和宏觀世界的銀河系中都得到了證實。物理學和形而上學的定律是一致的，物理學描述的是外部世界的定律，形而上學描述的是內在世界的定律。所以，自我觀察會改變我們內在的觀察物件。我們不用去改變什麼，這種改變的企圖是錯誤的，並且會帶來麻煩。我們其實並不瞭解要改變什麼以及要如何改變。

我們能做的就是誠實、不帶評判的觀察自己。

我們是在哺乳動物體內的靈魂。這個身體有自己內在的機能，包括理智的、情感的、本能的和運動的機能。每一種機能所使用的能量都是獨特的，與其他機能使用的能量不同。思維所需的能量與情緒所需的能量不同。這種區別不僅可以很容易觀察到，還很容易感覺到。自我觀察包括感覺身體各個部位、身體的重量和體積，以及體內流動的能量。內在每一種能量的運作都有它自己的能量中心*，有些理論稱這些中心為「脈輪」（chakras）。

理智中心是用於思考的中心，它就是我們的頭腦，位於大腦的左半球；情感中心跟各種情緒有關，大致位於腹部的太陽神經叢；本能中心位於肚臍；運動中心則位於脊柱的底部。這些能量中心可以通過集中注意力來感知。每一個中心都以不同的能量和不同的速度在運作。舉個例子來說：一個人經由一條小路穿過茂密的草叢去河邊，路邊忽然有一條蛇豎了起來，這個人的身體在有意識採取任何行動之前，會自動跳到一旁去。這說明了各中心之間不同的速度。本能中心速度很快，它可以在飲下一口酒或一顆止痛藥後的一秒鐘甚至幾毫秒內，將其分解、吸收和散播。這細想起來確實讓人震驚。如果讓理智中心來做這件事情，可能要花上幾天、幾週甚至幾年。速度排在本能中心後面的是運動中心。出於生存的需要，本能中心對於蛇的反應會馬上在運動中心產生回應。為了讓事情簡單些，有些理論把運動中心和本能中心合併在一起，稱為「本能—運動中心」，並把人稱作「三個中心的生物」。例如葛吉夫的第四道體系中，就使用了這種簡化的說法。

理智中心的運作非常緩慢，它總是在事件發生後才有反應。身體安全離開險境後，頭腦才開始反應。但它反應得太慢，根本無法挽救我們的生命。救命是本能—運動中心的事。理智中心總是最後才反應，因為它是四個中心裡反應速度最慢的。我們被情緒能量驅動，身體逃離險境後，理智中心就開始運作。它會搞清楚狀況，記錄發生的事件並把它投射到未來：「我的天！我再也不走這條路了。」請反思一下，我們把經營生活這個重擔交給了四個中心裡反應最慢，總是後知後覺的理智中心。這並不是順應我們天性的做法，而是被社會和文化強加給我們的。我們整個的教育系統都是為教育理智中心而設計的，情緒、感覺跟理智完全不是一回事，但在我們的教育中卻沒有容納它們的空間。本能在教育中也沒有相應的空間。我們曾經重視過對身體，也就是運動中心的教育，即體育，但現在這部分教育在我們以科學技術為主導的教育體系中也幾乎喪失殆盡，這樣的教育只會培養出不平衡的人。

我們每一個人都是不平衡的，我們只會從某一個中心，即我們的重心，對生活反應：我們要麼是感覺型的人，只會從本能─運動中心反應；要麼是情緒型的人，對生活的第一反應永遠是情緒化的；要麼就是理智型的人，遇到事情的第一反應就是思考。我們每個人的內在，都有一個占統治地位的中心，也就是重心。我們會依照我們的類型或重心對外界的刺激有所反應。沒有一個反應模式比其他模式更好或更有價值，各種類型都是一樣的，都是不平衡的，難以對面臨的情況做出適當的處理。

如果理智中心要肩負起經營生活這個它難以承擔的重擔，它就不得不讓一切慢下來。它必須通過預先儲存的習慣來處理事情，這些習慣是可以預測和控制的，這樣它就不用再加以思考，可以像自動駕駛一樣運作。只有這樣，它在承擔難以完成的工作時，壓力才會小一些。如果我信任我的本能，我會有一系列完全不同的反應，這些反應不是基於過去和習慣，而是來自於對當下狀況的直接反應。我那些基於習慣的反應，在絕大多數情況下是沒效率和不恰當的。

自我觀察的首要任務就是嘗試去觀察各個中心的運作，以及感覺每個中心運作時所需能量的不同品質。當然我們不只有三個中心，但為了達到自我觀察的目的，我們可以從分辨這三個中心的運作以及感覺它們使用的不同能量開始嘗試。

鑽孔者的注意力

在幽暗狹窄的坑道裡
只能用頭燈來照明
一個人跪在另一個人後面
鑽出填放炸藥的孔洞

前面的人手持五呎長的鑽頭
星形截面的鑽杆有著錐形的尖
他的一隻手離鑽頭末端有幾吋遠
眼睛緊盯著鑽尖
他從不向後看

後面的人揮動著十二磅重的錘子
用他全部的力氣
眼睛緊盯著鑽頭末端
他從不向前看

在這個狹小的空間裡
有節奏的擊打聲震耳欲聾
他們都把耳朵塞住從不講話
有時候前面的人疲倦了
他想要休息

他不能喊叫
他不能回頭
他只能在錘子落下後
直接把拇指放在錘子所敲擊的鑽頭末端上
因為後面的人眼睛只盯著鑽頭末端
他從不向前看

chapter

III

怎樣觀察
—— 基本原則

HOW TO OBSERVE
——*Fundamental Principles*

善知己利者，常專心利益。

——佛陀，《法句經》，第 166 偈

觀察自己的練習包括去練習「找到自己」，即把自己定位於特定的時間和空間，定位於這個身體裡，但同時知道自己不等同於這個身體，然後去管控這個身體。這就是記得自己。自我觀察和記得自己合到一起就像左邊和右邊，其實它們是一回事。自我觀察的練習是一個靈修體系中系列練習的一部分，這個體系稱為「第四道體系」。這些練習是給予地球學校裡靈魂們的指定工作，它們籍此來實現自我成長。我們被給予做人的機會，以實現靈魂層面的成長，並對造物主和祂的其他創造物有所貢獻。成熟的靈魂知道如何工作並且可以自己開始工作，佛陀把這叫做「圓滿之路」。因此，自我觀察是一項必需的練習，是一種強有力的方法，必須按照一定的規則來練習。壞習慣會不斷重複並製造麻煩，但一個謹慎而誠懇的練習者，在困難與掙扎中總會找到內在的幫助。下面列出了自我觀察的四個基本原則：

1 不要評判

這是最難理解的一個原則。頭腦就像一個評判者，不停評判著我在生活中遇到的每個人、每件事和每樣東西。它做出這樣的評判是為了把接收到的資訊歸檔或儲存。我在生活中遇到的每個人、每件事和每樣東西都被它歸入兩大寬泛的類別：喜歡或不喜歡（好的或壞的等等）。然後，它會通過聯想（即類比和對比）的方式不斷評判生活中遇到的一切，以便把它們貼上標籤並歸檔。頭腦還會評判我的一切行為，以此來製造出我和我的行為是分離的這樣一種假相：我講了粗魯的話，然後我評判這些話是不好的，這樣被評判的行為和我就分離開來。從責備產生的那一刻起，被責備的物件就被分離開來。這樣做，我就可以讓自己看不到和感受不到自己的行為，從而不對它們負責，也不承認它們屬於我。評判使我看不到自己，而我完全信任這個評判過程，要麼接受這些評判，要麼排斥它們。但無論是接受還是排斥，我都「認同於」（即認為「我就是」）這個評判過程。它主宰，我毫無異議的服從。

因此，不帶評判的觀察就意味著讓注意力穩定停留在身體的感覺*上，穩固而鎮定的待在身體裡，同時放鬆身體，允許內在的反應過程自行消退。當思考—感受複合系統（intellectual-emotional complex）在內在引發任何對解決當下問題沒幫助的思緒或情緒時，讓這思緒或情緒化做一股動力，來提醒我們把注意力穩固放在身體的感覺上——安住在身體裡，而不要去緊抓（「認同於」）那些思緒或情緒。找到自己，並管控自己的身體。當我能夠不再跟隨思緒或情緒的能量，或者不再讓它們抓住我的注意力時，看看那些能量到底會怎樣。獵人在草叢中搜尋獵物時，麋鹿會靜靜隱蔽在草叢深處。思考—感受複合系統也在不斷搜索我們的注意力，想要捕獲和消耗注意力來達到它慣性的既定目的：修復和維繫它已有的模式。此時我們應該讓自己的注意力像隱藏的麋鹿一樣完全靜止，保持平靜和鎮定。

維繫的定律：得不到滋養的會變弱，得到滋養的會變強。如果用注意力滋養思考—感受複合系統，這個系統就會越來越強，而注意力就會越來越弱，稍有風吹草動就會被紛亂的思緒或情緒所分散和消耗掉。如果讓注意力來吸收思考—感受複合系統的能量，注意力就會越來越強，變得更加持續、穩定和凝聚。即使處在最激烈的思緒或情緒風暴中，注意力也能夠保持自由和穩定的狀態。成熟靈魂的目標*就是即使在身體死亡的那一剎那也能夠保持自由和穩定的注意力。靈魂就是注意力，它不需要去投射注意力，它本身就是注意力（意識）——我就是注意力。

2 不要改變觀察物件

這個原則也不容易理解。改變觀察物件的衝動是一個陷阱，它會使我們持續陷在罪惡感與責備的惡性循環中難以自拔。內在的評判者需要改變觀察物件——這種通過評判強行去改變行為的做法會立刻抓住注意力，把它丟入一種「認同」於觀察物件的狀態。這時注意力就不再自由和穩定了，而是被評判的頭腦抓住和消耗掉。頭腦會通過聯想（即類比和對比）為這個行為貼上標籤，並歸檔到頭腦中那按照「喜歡—不喜歡」或「好的—壞的」等標準來分類的巨大倉庫裡。一旦我的某個行為被貼上了「壞的」這個標籤，我就會停止觀察。我成了評判者，注意力也被評判消耗了。我無法再把自由的注意力放在身體內在的機能上，注意力都被評判抓住了。既然我現在認同於那個行為，並且那個行為被評判為「壞的」，那麼接下來我就必須改變自己。例如「我要戒菸，吸菸是不好的」這句話本身可能是對的，但由於認同，那訊息便成為「我是不好的，我需要改變」。這樣評判就開始消耗注意力的能量，習慣必須得到滋養才能存活和成長。

如果我們能夠讓注意力穩固而堅定安住在身體的感覺上，並保持身體的放鬆狀態，評判者就沒有出路，只能用自己的能量去滋養那穩固而堅定的注意力。思緒和情緒都是身體裡的能量，牛頓第一運動定律（慣性定律）說的是物質（即能量）不生不滅，只能被轉化。當一股能量流入身體時，思考—感受複合系統會抓住它，用它來演一齣心理劇。按照慣性定律，這股能量一定會流向某個地方，如果不被思考—感受複合系統的心理劇消耗，就一定會轉變為滋養注意力的養分。所謂的心理劇就是：基於「我不好，我是錯誤的」等評判掙扎著去改變自己，從而終其一生去演出自我改變的戲劇。我們還有另一個選擇，那就是不帶「認同」去觀察評判的過程，接受觀察到的一切，允許它們待在身體裡，不去做任何改變。只是觀察、放鬆、接受和允許，既不支持也不反對。在古老的靈性學校中，這個練習被稱作「neti-neti」，即「不是這個—也不是那個」（not this-not that）。在薩滿學校（shamanic school）中，這個練習被稱作「無為」（not-doing）。這個練習還被稱作「讓世界停止」（stopping the world）。成熟的靈魂會理解這些並遵循注意力的法則。不遵循這個法則的人就是囚徒或奴隸，一輩子被「認同」所束縛，毫無異議的完全按照評判者的要求行事，毫不動搖的去承受痛苦和悲傷。這種對評判過程持續的認同被稱作「汙染」*。

3 注意身體的感覺並且放鬆身體

這個原則換句話說，就是沒有對身體的感覺就不算是真正的觀察。這在一些教學體系裡稱作「記得自己」。記得自己的最初階段是找到自己。如果我只是在做自我觀察而不能記得自己是不夠的，在觀察時，我需要先找到自己，把自己定位於特定的時空，定位在這個身體裡，定位在當下。觀察的同時，我還要將一部分注意力放在身體的感覺上，身體總是會有感覺的。這些感覺可以從內在體會到，也可以在對身體的觀察中體會到。如果我在觀察時沒有感覺到身體，那就只是在用理智中心觀察。身體的感覺包括能量在體內流動的感覺、思緒流動的感覺、情緒流動的感覺、肌肉組織緊張的感覺、放鬆和昏昏欲睡的感覺，通過五種感官進入身體這部機器的圖像、氣味、味道、觸感和聲音，都是「感覺」的內容。沒有身體感覺的觀察是沒有根基的，只會讓人更加瘋狂。它只會帶來一些幻想：看看我，我現在正在「工作」；看看我，我一直都處於「工作」狀態，無時無刻不在「工作」。頭腦是會撒謊的，它會在沒工作時想像自己在工作。在這裡，我先把自我觀察的前三個原則重申一次：

(1) 不帶評判的自我觀察

(2) 不要改變觀察物件

(3) 觀察必須要有感覺相伴

III

注意力一定要有根基，要處在當下，專注於我面臨的情況。注意身體是最好的辦法，所有的「印象」（impressions）都會流經身體，只有身體總是活在當下，也只能活在當下，而頭腦則會離開當下四處亂跑。身體的感覺會一直處於當下，我必須記得「當下我在這裡」，在此時、此地，否則這就只是想像，只是理智中心在偽裝而沒有根基，沒有處在當下。身體裡總是會有感覺，感覺自己的四肢（比如，試著在不看右腳大拇趾的時候去感覺它），感覺身體的重量和體積。另一個感覺身體的很好練習是雙腳站立，使脊柱挺直，保持放鬆的姿勢。這叫「身體感覺的練習」，它有以下效果：①立刻把注意力（注意力就是我）帶回身體，根植於身體裡。②讓注意力集中在身體和身體的感覺上。③把注意力的焦點從思緒和情緒上引開，拉回到當下。這樣我就可以自由的選擇，而不是讓當下的情緒代替我選擇，代替我說話，代替我行動。

換句話說，當我記得自己時，我才是個真正的人，而非機器人或自行運轉的機器。我的努力在任何情況下總是致力於讓注意力（注意力就是我）自由，而不被身體裡那些來自於習慣的力量所捕獲和消耗。這樣我就能自由按照我的目的進行選擇而不是被情緒所掌控。大部分人的態度都取決於情緒，他們被情緒所束縛。情緒代替他們思考、說話和行動。情緒好比天上的雲——我不會去掛念天上的一片雲，我不能改變它，我只能看著它。情緒就是內在天空裡飄過的雲，它不是我，我沒有必要被它影響，它不關我的事。因此，對於成熟的靈魂來說，他們的態度不會受制於情緒。無論內在或外在的情況如何，我都能夠自由選擇我的態度。無論我處於何種情緒的漩渦中，感覺身體的練習都可以幫助我不去認同，讓注意力從裡到外的去感覺身體，這就是在記得自己時進行的自我觀察。

4 無情誠實的面對自己

它的意思是無論多丟人，對於自己的情況都要講實話。這種誠實對於自我觀察是至關重要的，沒有它，我們跟那些好面子的大多數人就沒什麼分別了。「無情誠實的面對自己」是自我觀察的第四個原則，它會讓我們保持誠實，也會產生一個美好的副產品——謙遜。謙遜是一種禮物，是一種美德，只有誠實工作自己的人才會獲得。我很容易對自己說謊，並把它當做家常便飯。在我眼裡，我的自我形象可能會具有公正、傑出、高貴等所有優良的品質，也可能是壞的、醜陋的和不夠好的。這兩種形象都是虛假的，因為它們都是片面的。我會儘量在別人面前偽裝出這樣的形象，但我卻看不到自己內在的衝突。我這種自我欺騙的慣性行為使我看不到自己的本來面目，也避免了因為看到它而產生的痛苦。

當我練習「無情誠實的面對自己」時，我會體悟到自願的受苦*的意思。這時我可以不帶自我欺騙和評判，如實的看見內在的衝突。這樣做我肯定會痛苦，但工作自己需要我們和痛苦在一起，不去做什麼，不去改變什麼，也不去評判好壞對錯，只是全然去感受那個痛苦。和痛苦在一起可以讓我們整個身體去感覺痛苦，情緒和心理的痛苦都只不過是身體裡的能量，僅僅如此。只要我不去干擾，身體會知道怎麼來處理它們。但我的習慣會出來搗亂：我會去琢磨這些痛苦，對它們有所反應，去評判、抗拒和試圖療癒它們……我的習慣讓我去介入，但這樣只會加劇和放大痛苦。如果我只是和痛苦在一起，什麼都不做，只是去感覺身體和痛苦，身體就會轉化痛苦的能量。如果我認同，我就會給痛苦增加能量，如果我能不帶評判的觀察，和痛苦在一起，在身體裡去感覺它，痛苦就會來滋養我。這是一種身心能量的平衡過程。在牛頓物理學中，第一運動定律講的是一個運動的物體（痛苦）會保持運動狀態，除非有外力（不帶評判的自我觀察）來改變它的狀態。

高德（E. J. Gold）先生說過：「人類這個生物機器就是一個轉化器。」沒有我的干擾，它知道如何轉化能量。如果你能親眼看到一次，情緒導致的痛苦與你的關係肯定會發生改變。因為你把清明帶入了這個平衡過程，只是一次，你就能與以往有所不

III

同。你的那些習慣當然不會就此消失，但你跟這些習慣的關係改變了，你周遭的世界也會從此不同。

誠實

如果你想瞭解真正的誠實
去看看狗就夠了

狗一點也不在意外表
如果牠喜歡
牠會去抱皇太后的腿

狗完全不在乎你到底怎麼想
如果牠想
牠會在教皇面前舔自己的睪丸

狗不會在意地位、權力、財富、名聲這些東西
即使是國王要來拿走牠的食物
牠也會去咬國王的屁股

因為牠就是一隻狗
狗就會這麼做

在某一部分尚未被損壞的自我中
我們羨慕狗的誠實
因為我們發現這正是自己所缺乏的
我們知道在這個世界中保持這種誠實
會付出可怕的代價

chapter

IV

專注力

WILL OF ATTENTION

自我觀察是很困難的。你越努力嘗試就越能認清這一點。
現在，你們應該練習自我觀察，但不是為了得到結果，而是為了瞭解你們無法觀察自己。
……你們可以去嘗試，儘管那不是真正意義上的自我觀察，但它卻可以加強你們的注意力。

——葛吉夫，《來自真實世界的聲音》（*Views From The Real World*），第 88 頁

「我」就是注意力（意識）本身。靈魂就是注意力。以我現在的狀態，注意力很薄弱，被各種各樣的外界影響所損傷。本章開篇引述了葛吉夫的話，在那些話之後，他接著談到：「只有獲得注意力之後，我們才能進行自我觀察。」我們是活在二十一世紀裡被嚴重損傷的存在。我們汙染了地球的環境，引發了諸如癌症之類的致命疾病在全球的蔓延。更糟的是，我們對科技毫無意識的不當使用，導致它的發展失去了控制。電腦和電視嚴重損傷，甚至幾乎毀掉了人類集中注意力的機能。我們神經系統的發育，在早期就受到了電視和電腦的影響。

我們在零到三歲期間會生長出數以十億計複雜的神經連結（Neural Connection），這些精微的神經連結可以使我們保持注意力，並且長時間的把注意力放在同一個物體或過程上。由於在嬰兒期我們的頭腦對螢幕上快速變換的影像的模仿，這些神經連結都被損傷或毀掉了。於是，我們的注意力總是處於快速變化和不斷運動的狀態，我們就成為了過度活躍但卻嚴重缺乏專注力的族群，這樣的族群同時有著被動的思維模式。我們習慣於依靠點擊滑鼠或聽信權威來獲得即時的答案，而不是自己採取一系列步驟解決問題。我們不會為自己思考，我們甚至不再知道該如何思考。

更嚴重的是，由於我們的注意力機能被嚴重損傷，我們無法把注意力持續投注在同一個物體或過程上。我們的注意力不斷變動，我們的頭腦飛速奔跑。我們的心驅使我們不斷去行動、去運動和尋找刺激。因此，在一開始，由於缺乏專注力，我們很難進行自我觀察，注意力總是被思緒、情緒和外界刺激所分散。我們不斷進入和離開有意識的狀態，但絕大多時，我們處於一種無意識的、機械的和自動運轉的狀態。因此，在第四道體系中我們說人不能「做」。這指的是我們難以做出有意識的選擇，並且不受干擾的堅持下去，最終達成目標。我們不斷開始新的項目、新的行動或新的關係，然後在沒有完成的情況下放棄它們。我們所做的甚至會與我們的初衷背道而馳。這在我們的關係中尤為明顯。

我缺乏真正的意志力。我自己根本就沒有意志力，只是一個受習慣控制的生命：習慣代替我思考、說話和行動，卻打著我的旗號。我無法選擇，習慣替我選擇。我沒有意志力。我是一部機器，一個傀儡。我被童年時別人加在我身上的習慣所控制。我被外來的知識和信念系統所左右。我迷失了自己。我是一個無意識的生命，內在是沉睡的，無法自主行動，更糟的是，我根本看不到這些。如果我們告訴別人他也是這樣的，馬上會招致憤怒、敵意和否定。我們之所以看不到這些，是因為我們不知道如何觀察自己。我看不到自己缺乏意志力，是因為這需要無情且誠實的面對自己，而且在相當長的一段時間裡，我都難以擁有這種誠實的品質。只有通過長時間耐心、細緻和坦誠的自我觀察，我才能具有這種誠實品質所需的意志力。

其實我們還沒有糟到無可救藥的地步，還是有希望的。以我們現在的狀況，我們的身體和心中確實有一種意志力*，有些傳統稱之為「專注力」。無論我的注意力機能被損傷到何種程度，我還是能夠對我內在的思維和情感過程、身體感覺以及行動投注一點點注意力。我可以開始去注意我的坐姿和走路的姿勢，還有我說話的音調和臉部表情。我可以注意到我的負面情緒。這些可以作為修復注意力機能的初步練習。只有持續而誠實的努力觀察，我的注意力才會獲得成長和發展。如果我真的就是我的注意力，那麼注意力的成長就是靈魂的成長。這是我投胎時就設定好的任務，也是我到地球來的原因，即通過工作自己來實現靈魂的成長。

具有了專注力，我開始時只能夠進行後知後覺的觀察。我會毫無覺察的陷入慣性的思維、情感或生理過程，任其發展。我會認同於習慣並被它控制。評判會緊隨其後。我會被評判抓住並認同於它，並且因此進入更加無意識的慣性行為。但遲早會有那麼一些時刻，我會觀察到發生在我身上的事情：「當他＿＿＿＿（請填空）的時候，我又斥責他了。」於是，我可以感知到這個習慣對我的內在和我的人際關係產生了什麼影響。這種後知後覺的觀察可以使我的行為模式顯現出來，讓我對它們有更多的覺察。這就叫做「自願的受苦」，因為事後沒人可以強迫我去觀察已經發生的行為。

我必須有意識的選擇去面對，去觀察我對己對人的所作所為，去承受觀察到這些行為所帶來的痛苦。這是受苦的一種形式，它是種有意識的受苦，不同於無意識的、重複的慣性行為給我們帶來的痛苦。

經過相當長的一段時間，注意力會得到加強，我可以在認同的時候具有片刻的清醒。這與後知後覺式的觀察有所不同。儘管我的意志力還不足以打破我的認同狀態，但我可以清晰看見我再一次陷入了舊有的慣性模式，並且能夠開始意識到它們。這就是在當下的觀察，它是長期而耐心的進行自我觀察的結果。我終於可以開始瞭解自己了。最終，在某些時刻，我可以進行先知先覺的觀察了。這時，我可以在認同於某個慣性模式或行為的時候，通過觀察而意識到它，這樣我就能夠記得自己（找到自己），並轉換方向。因為我知道這習慣會把我帶到哪裡去，它是一成不變的。這就是真正的意志力誕生的時刻。這是記得自己的第二個階段。如果說第一個階段是把注意力集中在身體的感覺上，那麼這個階段就是在與某種心情、感受、動作或慣性行為認同的時候，把注意力帶回到身體的感覺上。這是專注力進一步成熟的表現，它伴隨著靈魂的成長和成熟而發生。而這一切都有賴於對自我觀察和記得自己的練習。

最終，經過長期的練習，先知先覺的觀察完全成熟了：當一個新的印象帶來的能量進入身體的時候，它會被警覺的注意力覺察到。在思考—感受複合系統還未能抓住這股能量據為己用之前，我的注意力會平靜集中在身體的感覺上。我記得自己，於是，進入身體的印象帶來的能量沒有受到干擾，身體可以實現它作為「能量轉化裝置」的高等功能。它可以把印象帶入的粗糙能量轉化成精微的能量，用於工作、觀察和愛。

所以，在一開始儘管我的注意力和意志力都很薄弱，但我的內在有一種可能性。我可以利用專注力來幫助自己成長。感謝造物主的恩典，我們每個人都具有這樣的專注力，只是很少有人瞭解如何利用它來讓自己成長和成熟。

注意力的發展

我們隨波逐流
我們不斷分心
卻忽視了眼前的事物

我們總是盯著未來
從而錯過了現在的美妙

但是有少數人瞭解
通往神聖之路就在對當下注意力的培養中
這會讓我們看到眼前的事物

有人詢問哈佛的自然學家——
路易士·阿格西斯（Louis Agassiz）
問他在暑假做了什麼

他回答說做了一次遙遠的大範圍旅行
於是那人又問他遙遠是多遠
他答道
我穿越了自家後院一半的距離

chapter

V

觀察對象

WHAT TO OBSERVE

我們可以只是觀察升起的東西……而不是用頭腦去分析它……因為在這樣的觀察裡蘊含著理解與智慧……理解顯示了我們生命的深度，我們通過清晰、誠實和客觀的觀察來進行理解。

——李．洛佐維克（Lee Lozowick），《盛筵還是饑荒：關於頭腦與情緒的教學》（*Feast or Famine: Teachings on Mind and Emotions*），第 120 頁

思考—感受複合系統迫切需要我認同它，然後把它當時的需求表達出來。這時一個「我」就會升起來，並且哭喊著尋求關注。我就是意識本身並且安住在意識裡，而思考—感受複合系統卻迫切的要把我從穩定的意識中分離出來。這種分離會帶來痛苦，但我卻欣然而急切的去迎合思考—感受複合系統的需求。

練習自我觀察只是要我找到自己（記得自己），管控好自己的身體，即安靜的安住於當下，時時刻刻去注意在人類生物機器裡升起的東西，完全不去介入觀察對象。我們當然會有種要去介入的衝動，人們都喜歡去評判和改變所觀察到的東西。我之所以這樣是因為我認同於觀察物件，並且為它們所震驚。我很不習慣拿下虛偽和欺騙去誠實看待自己，我被那個赤身裸體的國王震驚。自我觀察剝去我虛假的外衣，讓我看到自己本來的面目，而非自己希望看到的樣子，或是我在人前假裝出來的樣子，乃至自己想像出來的樣子。我的本來面目並不好看，通常它會顯得粗俗、粗魯甚至殘酷。我的本來面目就是瘋狂的，當我看到它時首先會被嚇到，因為那種狀態在我們的社會中被認為是不好的，不可接受的，甚至是不合法的。社會上有專門的地方來關這樣的人，而我不想去那裡。於是我創造出自作聰明的面具、偽裝、託辭、表演和把戲來掩蓋我的精神病（儘管它們無法長時間矇騙他人，但至少我認為這樣做很明智），好讓我不會被關到監獄或瘋人院裡去。人們不願意瞭解自己只是因為這樣一個簡單的原因：看到自己的本來面目通常會讓人太過震驚，不知所措，無法承受乃至於心碎。

這時，練習自我觀察的美妙之處就顯而易見了：我無法在很短的時間內看到很多的東西。在任何時刻，我只能看到我願意看到的那些東西，而很快的我多年習慣所造就的防禦系統就會再度擋在面前。於是，我的內在再一次陷入沉睡和無意識的狀態，我再度成為那個被習慣控制的本體。這些習慣並不是錯誤的和不好的，它們在現在的社會環境中，對我來說是最有用的機能：它們會使我遠離傷害（當然，如果我想要被傷害的話，它們也會「忠誠的」使我受到傷害），不至於被關到監獄或瘋人院裡；它們會保護我內在脆弱、柔軟、嬌嫩和敏感的部分。但後來這些所謂的保護不再有效，它們開始妨害我的人際關係，使我的潛能受到抑制，使我的能力得不到發揮，削弱我的力量並且讓我無法看到自身的優點——通常別人都會看到我的優點。我們不得不面對這樣一個事實：在絕大多數社會裡，美麗會像醜惡一樣受到攻擊。這兩者都是對社會現狀的威脅。

在我們人生的某個時刻，我會問了打開靈性世界的關鍵問題：「這就是生活的全部嗎？」

這個問題最終會把我引向一個真正的師父，一個修行的法門，並且讓我產生想要瞭解自己的深深渴望。對於初步的自我觀察需要觀察什麼，我已經給了一些建議（參見本書第三章和第四章）。接下來，對於自我觀察的物件，我還會有一些很有用的重要歸納，隨後，我還會給一些指導原則，告訴你在日常生活當中，在不介入的前提下需要看到的東西。只是看到就足夠了。只要我不去掙扎、評判、譴責或介入，這些注意到的東西會做出自我調整。它們的存在是有原因的，那就是服務於我。在我生命的某個階段，它們對我有保護作用。在它們顯現的時候，我只是放鬆的注意到它們就夠了，不要譴責它們，或試圖去「修復」或「處理」它們。記住海森堡的測不準定律：觀察行為本身就會改變觀察的物件。這條定律簡單明瞭解釋了我面臨的狀況，以及自我觀察這個與生俱來的美妙工具。就這一個工具就夠了，一個優秀的機械師會學著去使用他的工具，使它們保持良好的狀態，並瞭解如何使用恰當的工具去完成相應的工作。如果一個人想要尋求靈魂的發展、成熟和轉化，自我觀察從人類有史以來就一直是最佳的工具。

嘗試對自己做下列的觀察：

1 身體裡任何不必要的緊張

我們通過必要的肌肉緊張來做事，做事時那些過多的肌肉緊張稱為不必要的緊張（比如搬東西時緊咬下頜，以及臉部、牙齒、頸部和背部等部位的緊張）。當我們把注意力專注於身體時（即「可靠的身體」*），注意力就自由了，不再被思緒和情緒所捕獲和消耗。這就是最基本的「記得自己」，它會隨著自我觀察而發生。我希望記得自己是誰，記得是誰在觀察，記得所觀察的對象。所以練習感覺身體，也就是把注意力放在身體的感覺上非常有用，對於練習自我觀察來說至關重要。它使自我觀察的練習生根，並擺脫觀察物件對注意力的控制，否則這些思緒或情緒總是會抓住我們的注意力（我就是注意力——我就是意識），並把它消耗掉。感覺身體會讓我與觀察物件之間在客觀上產生一種非常微小的距離，我能夠從認同狀態中解脫出來獲得自由，正是有賴於這個微小的距離。

如果你無法感覺整個的身體，就從局部開始。在你早上靜坐的時候，從感覺右臂開始，讓注意力從肩膀貫穿到手指尖，從內在去感覺整條右臂，感覺右臂內細微的能量流動，感覺右臂的重量和體積，然後放鬆右臂；接下來去感覺從右臀到右腳趾尖的整條右腿，放鬆；然後依次去感覺左腿、左臂、腹部、胸部、脊柱、後背、頸部、臉部、頭部，把呼吸帶到每一處，注意力離開時放鬆那個部位；然後再重複。當身體放鬆後，繼續觀察以下的內容。

2 不必要的思緒

不必要的思緒無助於解決任何實際問題或與他人溝通，並且與當下發生的事沒有關聯。當我走路時，只是在走，不需要思考；當我鍛鍊時，只是身體在動，不需要思考；當我吃飯時，只是在吃；當我站立時，就只是站著。試著讓不必要的思緒成為一個啟動裝置，一個內在的「提醒」，幫助我再度集中注意力來放鬆身體。這樣，思緒就不會抓住注意力並把它帶走消耗掉。以我現在的狀態，我很容易被思緒所吸引，沉迷其中，幾乎完全靠它來主導生活。我出生以來所受的不良教育導致了這樣的結果。頭腦有它自己的位置，是一個非常有用的工具。它可以成為一個非常順從的僕人，也可以成為一個殘酷無情而又效率低下的主人。它本不應占據主人的位置，但我們的教育體系卻恰恰將它訓練成主人。頭腦沒有能力完成我們讓它做的事，所以它經常「當機」，在主導我們的生活時顯得無能而低效。

3 不恰當的情緒

不恰當的情緒是對於當下狀況的過度表達，是非常極端和戲劇化的反應，與當下的狀況沒有直接關聯（好像處在想像或白日夢的狀態中一樣），是對當下狀況不恰當的回應。不恰當的情緒也可以成為一個啟動裝置，一個內在的「提醒」，幫助我集中注意力來放鬆身體。這樣，情緒就不會捕獲注意力並把它帶走消耗掉。

4 習慣

觀察習慣會更加有難度，但通過長時間耐心而不介入的觀察，我們的模式會開始顯現。如果我以同樣的思維和情緒模式反應一萬次，甚至更多次，連我這樣的傻瓜都能夠開始注意到我又走回老路了，而且結果永遠是同樣的！因為習慣總是重複的，所以它是可以預料的。有一種對於瘋子的定義，明確而又有啟發，即重複同樣的行為卻期待不同的結果。而這正是一個凡人窮盡一生在做的事情，他們一再重複同樣的思維、情緒和行為習慣，卻期待有不同的結果。只有看到內在的模式，注意到重複發生的事情，感覺到這種二手生活的單調和無聊，我才會去渴望一種真正而實在的生活。這種渴望來自於我們的本質，它開始被攪動，並且有一點甦醒了。

作為一個靈魂，我們尋求真相。真相不可能是頭腦中那近乎無休止的嘮叨，那嘮叨是神經質而且是基於恐懼。頭腦會根據設定的模式對一切給予評價、批評、譴責，評判每一個行動、每一個人和生活中的每一個境遇。它帶來的結果就是一種充滿消極和恐懼心態的生活。上面所描述的一切都是以恐懼為基礎的，我們生於一種以恐懼為基礎的文明中，並被培養和訓練成為一部以恐懼為基礎的機器。我們生活在恐懼時代，具有很深的恐懼偏執，害怕生活，害怕他人，害怕愛。從這種基於恐懼的夢中醒來時，我發現生活中總是充滿了愛。恐懼鎖住了愛。恐懼是愛的陰影，陰影自身是沒有品質的。我無法衡量黑暗，更別說定義它了。我只能以它的反面來定義它：黑暗是光明的缺失。同樣，恐懼就是愛的缺失。我們由此可以得出一個公式：恐懼越多，愛越少；愛越多，恐懼越少。無條件的愛是靈魂的本質，在那裡面沒有恐懼的容身之地。真相是以愛的形式對生命的直接體驗，我們通過對生活的本來面目進行不帶評判的觀察就可以獲得這樣的洞見。這種觀察中沒有頭腦的評論（不必要的思考），沒有恐懼（不恰當的情緒），沒有身體的緊張（不必要的緊張），也沒有對過去或未來的聯想（習慣），只是簡單、靜默、放鬆而鎮定的接受事物的本來面目。沒有介入，沒有評判，沒有抗爭，也沒有譴責。自由的注意力就是覺醒的注意力。覺醒意味著：

(1)自由的注意力（沒有認同不必要的思緒和不恰當的情緒）；

(2)放鬆的身體（在任何環境和任何活動中，都沒有不必要的緊張）。

這就是「沒有被汙染」或沒有認同的狀態，這就是在佛陀身上發生的事。他多年來嘗試了你可以想到的各種不同方法，如戒律、苦行和瑜伽等，跟隨過不同的老師和大師。一天他精疲力竭，帶著無助的絕望跌倒在一棵菩提樹下，多年來的清貧和苦行沒有給他帶來任何改變。

他徹底臣服了。他的身體第一次徹底放鬆下來。他「就是這個樣子」，他誰都不是，就是他自己。這時，喬達摩・悉達多就成為了佛陀，成為他的世界（他的身體）中覺醒的主人。他的注意力不再被任何東西所帶走，無論是思緒還是情緒。他就是這樣。

我們頭腦中掠過的念頭

它們總在變化
不值得相信
但我們卻將自己的生活寄望於它們
從而敲響了心靈的死亡喪鐘

我們把它們當作自己
我們忘記了自己是誰
我們盲目跟從它們
儘管它們把我們引向地獄的方向

我們飽受痛苦
直到某一天看清楚
它們以我們的名義犯下多少可怕的錯誤

我們愛著的這些妖女
在為我們唱響死亡之歌
她們才不是看起來的那個樣子
她們看似你想要去討好的那種女人
直到某個陰暗的日子你會發現

她們與魔鬼般的男人睡在一起
是他們的娼婦
於是你對她們從此失去興趣

chapter

VI

左腦是台二元模式的電腦
——理智中心

THE LEFT HEMISPHERE IS A BINARY COMPUTER
——*Intellectual Center*

諸法意先導，意主意造作。

——佛陀，《法句經》，第 1 偈

理智中心，也就是我們的左腦，總是最為後知後覺。它在所有的中心裡是速度最慢的，這與它在人體內承擔的功能有關，它不需要有本能中心或運動中心那樣的速度來保護性命。它的功能包括：服務、記憶、觀察、解決當下的實際問題，以及與他人溝通。這些是它在身體機能中擔當的角色。我們生於一種崇尚權力和金錢的文化中，這種文化崇尚物質而非智慧。理智是至高無上的，因為它可以為我們帶來這個社會最看重的權力和金錢。我們整個的教育體系建構在對理智的膜拜之上。我們只教育理智中心而忽略身體的其他機能。我們甚至不承認靈感和直覺是真實的，不認為它們對教育過程有任何意義。因為它們不是來自於理智中心，而是來自更高等的中心，甚至來自造物主。記得自己吧，人生逆旅中的疲憊靈魂！

我們文化中的教育系統對一部分大腦新皮質進行訓練和模式化，這一部分約占新皮質總容量的一成，只具有記憶功能。這是新皮質的功能中最慢的一種，因為它要通過搜索和提取過去儲存的資料來實現。這種搜索—提取過程是線性的，要一步一步來進行，我們稱之為思考。它與靈感是不同的，靈感會即時呈現所需資訊的全貌，它的呈現方式是完整的而非局部的。就像《新約》中所說的那樣，不再是「彷彿對著鏡子觀看，模糊不清」，而是「面對面」了。有的體系稱這種記憶功能為「歸類裝置」。

這個裝置被我們的文化設定為二元的模式，也就是說，它會把所有攝入的印象分為兩部分：喜歡的—不喜歡的，黑的—白的，好的—壞的，我的—非我的……它是一個儲存資料的倉庫，簡單說來就是儲存過去。這個倉庫有兩個大儲藏室，分別儲存喜歡的和不喜歡的東西。我們經歷的人、事、物和擁有的體驗都立即被理智中心分成相對的兩部分，從此處於分裂狀態，不再是一個整體。我們的「自我」是分裂的，它由各種面具、把戲、謊言、神經質反應、精神疾病和習慣組成。我們的理智在幼年時把它創造出來，以便在這個瘋狂的世界中保護我們。正如我們所知的那樣，「自我」也被以「好的—壞的」或「喜歡的—不喜歡的」這樣的標準分割開來。凡是它經歷過的有助於生存的東西都被貼上「好的」標籤，不符合這個類別標準的東西都會被貼上「壞的」標籤。

有些東西即使有破壞和傷害，即使是殘忍和瘋狂的，只要它曾經對生存有說明，理智都會給它貼上「好的」標籤，並把它作為一個習慣不斷重複。而對於貼上「壞的」標籤的那部分自我，理智會去評判、打壓，試圖「修復」乃至除掉它。自我的一部分去評判和打壓另一部分，會造成一個分裂的自我。對於瘋狂有兩個經典的定義，一個是重複同樣的行為而期待不同的結果，另一個是具有分裂的自我。理智中心在我們出生後乃至降生前就被模式化，成為一台二元模式的電腦，而不再是統一或完整的狀態。它被設定的模式本身就是瘋狂的。大多數人終其一生都未曾發現頭腦在控制著他們的整個生活。他們認為頭腦裡那強迫性的喋喋不休以及那無休止的噪音是正常和與生俱來的。我們被文化和它影響下的教育設定成這個樣子，並且確信頭腦就是我們的主人。

由於我們的文化認為「頭腦」是非常重要和有價值的，因此理智中心被賦予一項超出它特性和能力的任務：主導生活並掌管這個人類生物體。但事實上，頭腦本來只是個忠實可靠的僕人，而非主人。把它置於主人的位置上，會給它帶來難以承受的負擔，這超出了它能力所及的範圍。這樣的情況導致的結果就是思考機能——也就是理智中心——被逼瘋了而停止工作。它本身設定的模式也注定會導致瘋狂。理智中心總是處於運轉的狀態，很少停息。它從早到晚喋喋不休，即使在我們睡覺時也是如此。而我們遲早會把這種狀態當作是「正常的」，乃至是我們生存所必需的。

頭腦會花費大量的能量和時間來使我們相信它是絕對必需的。實際上我們的記憶系統只有單一的功能和興趣：我們稱之為思考。我們的頭腦只會做這一件事。而當我們讓它做生活和身體的主人時，它被嚇壞了，因為它根本無法擔負起這樣的責任。於是恐懼成為它所有模式和功能的基礎。記憶中儲存的絕大部分東西都是以恐懼為基礎的。我們也因此生活在恐懼中，並把這種恐懼反映到頭腦創造出的文化裡：我們都生活在充滿恐懼的時代。

頭腦最主要的恐懼來自於那些讓它不知該如何思考的事物。它認為思想不存在時就等於失去控制，而失去控制對它來說無異於死亡。頭腦認為思考就等於生存，因為它只有思考這一種功能。它只能像台二元模式的電腦一樣來思考。它認為停止思考就是失去控制，並對此充滿恐懼。理智中心全部的目的就是控制。它之所以這麼執著於控制，是因為如果我的生活不在它的掌控之下，它就無法完成自己的任務。根據大腦研究人員推算，大腦每秒鐘接收到的實際資訊量有二百萬位元（bits），而思考的頭腦，也就是記憶功能，每秒只能處理二千位元，大概只占當下接收到的實際資訊量的萬分之一。那麼，到底要關注和處理哪萬分之一的資訊呢？很簡單，大腦只會去辨識和處理那些與它的習慣和信念相符的資訊。由於它是一個基於恐懼的系統，因此它自然只會去辨識和處理那些令它恐懼的資訊，即使它根本找不到要恐懼的理由。

在所有的事情和關係裡，頭腦總是出於控制的目的去思考、判斷、設計、計畫和操縱。頭腦不會愛，只會思考。而思考不是愛。思考一個我愛的人，與愛一個人是兩回事。思考不等於行動。愛根本不在思考所及的範疇之內。愛來自於我們的自我之外，它是神聖的，來自於更高等的地方。愛就是上帝。理智中心無法控制愛，所以會懼怕它。理智中心害怕那些它既不瞭解也無法控制的東西。它不可能瞭解和控制顯化為愛的上帝。頭腦對愛充滿恐懼。

因此，當愛作為一種高等能量進入我們的身體時會被頭腦分割成兩部分。頭腦被設定為二元的模式，通過聯想來工作，即進行比較和對比：這與我已知和儲存的那些東西（過去）是相似的，或者這與我已知和儲存的那些東西（過去）是不同的。由於頭腦是以恐懼為基礎，它隨即就會把關注的重點放在它所不喜歡的部分，並記錄下來，供日後調用。這樣做的結果呢？關係無法建立，愛也死去了。愛是整體的，一旦被分割開來，它就不再是愛了。

頭腦（記憶系統）願意去瞭解它所喜歡的東西，而不願意去瞭解它所不喜歡的東西。這是因為頭腦，也就是記憶系統被設定為二元的模式。它本來的初始狀態是統一的：生活中的一切就是一個統一的場域，這個場域就是愛。所以，根本不需要去分類、命名、記錄、排序、檢視、評判和貼標籤。但頭腦就是一台被設定為二元模式的電子化學電腦，就是一台只具有「喜歡—不喜歡」模式的機器。對於不喜歡的東西，它就會拒絕去瞭解，這其中也包括了愛。

很快，你就會發現大部分通過誠實自我觀察所收集的資訊，我們的大腦都不喜歡。因此它會拒絕這樣的資訊，並且給了大量有力的理由、藉口、證據和指責，以便可以懷疑和忘卻這些資訊，並且不依據它們去反應。連你從這本書中收集的資訊也是頭腦不願讓你看到的，因為它會把幕後拉動線繩控制木偶的人暴露出來，也就是說把理智中心內在的運作暴露出來。

頭腦獲得主導權和控制權的方法很簡單：避免讓自己被觀察到。請仔細琢磨一下這個領悟的美妙之處，以及它可以怎樣幫助你，試著運用你的直覺去理解而不是去思考。自行運作的機械行為，不斷重複的慣性行為是理智中心所需要的。為什麼呢？因為這樣它就不用再去思考。承擔你內在世界的主人這個角色對它來說已經超過負荷了，它無法滿足這樣的需求。所以它希望一切都是可以預計、可以控制和重複的。它希望取得控制權，讓我們不去真正關注我們的生活，只是基於舊有的、儲存的和外來的信念系統去行動。這些信念都是他人灌輸給我們的，而根本不用理智中心自己去檢視和考量，這些工作別人已經做過了。讓理智中心自己來做這樣的工作會使它感到恐懼，因為這可能會使我們脫離灌輸這些信念給我們的群體。這樣理智中心就不得不進入未知的領域，而這正是它所恐懼的。

對於理智中心來說，最讓它恐懼的莫過於未知了。因為那未知的，那真正未知的東西，是它所無法思考的。它只會思考已知的東西，已知的東西都是曾經發生過的，也就是過去。據我們所知，思考不同於靈感，它只能以過去為基礎來進行，或是把它在過去知道的東西投射出來，想像它也會在未來發生。所以說，這台二元模式的電子化學電腦，就是一台「過去—未來」模式的機器，只會遵循「喜歡—不喜歡」、「過去—未來」這樣的二元模式來運作。

要記得這台電腦具有很強的選擇性。如果我們每秒接收到二百萬位元的散亂資訊，它只能處理其中二千位元左右。所以它實際上每秒必須要排斥掉大約一百九十九萬八千位元的資訊。到底它以什麼樣的依據來選擇需要保留和吸收的那二千位元資訊呢？

很簡單。理智中心會選擇那些可以證明和確認它既有世界觀的資訊。這些觀念以信念系統的形式存在。如果它確信這個世界是個冰冷、不友善和令人恐懼的地方，那麼它就會接受和吸收能夠證明這一點的資訊，所有其他的資訊要麼被排斥掉，要麼被改變（扭曲）成符合需要的資訊。如果它相信我不夠好（這是我自身這台電腦的主導信念）或我很笨或我很醜，那麼它接收資訊時，就只會選擇那些能夠證明我的自我認知和世界觀的資訊。

理智中心是懶惰的，它不願承擔那些被愚昧的教育所定義的「不可能完成的任務」。因此，為了避免去思考每一件事，它會對一切都想當然耳的去做，而且非常有選擇性。這樣，它就可以用自動運轉的方式來工作，從而省出時間來做它喜歡的事：幻想。左腦把絕大部分時間花在幻想和做白日夢上。對於它造出的夢，它會當真並有所反應。它不會去分別幻想和現實。對於一個記憶體來說，儲存進來的都是實際的資訊。對理智中心來說，幻想與外在的情況一樣真實。我們就像被編好程式的機器人一樣，對幻想有所反應，採取行動並對它們深信不疑，就像它們是真的一樣。如果理智中心的模式是關注好的東西，它就把自己命名為樂觀主義者，而如果它的模式是關注壞的東西，那麼它就稱自己為現實主義者。樂觀—悲觀也是二元的模式，在這兩個極端之間，自我觀察會創造出第三股力量，一種平衡或「中和」的力量，佛陀稱之為「中道」。

語言不是行動

我認識一些人
尤其是在大學裡
他們認為如果可以發表很好的演說
或是為期刊寫長篇的文章
就會讓他們成為有行動力的人

印第安人對此有著更多的瞭解
戰士在上戰場之前
會保持靜默
他與人們一起進入淨汗屋
大家敲鼓，唱誦和祈禱
隨後他閉關三日
為自己的死亡做好準備
他出關後準備出發
他的女人會遞給他戰斧和弓箭
沒有人會說一句話

有些人戰死或重傷而回
大家會升起篝火
聚集在一起聆聽戰鬥的故事
戰士們會不停歡笑
調侃彼此
爭辯真實的故事到底是怎樣

他們知道傷痛會被療癒
他們知道死者會被禿鷹果腹

印第安人有句老話：
言語會掉落地上
就像狗拉出的糞便；
行動會升到空中
就像靈魂離開肉身

chapter

VII

盲點
——進行捕獲和消耗的系統

THE BLIND SPOT
——*The Capture and Consume Cycle*

每一個現象都從能量場域中升起：每一個想法、每一份感受以及每一個身體的動作都是某種能量的展現。在人類這種不平衡的生命的內在，不斷會有某一種能量升起，從而淹沒其他的能量。在這種頭腦、感受和身體無休止的爭鬥中產生了一系列不斷變化的力量，每一股力量都堅定的謊稱它自己為「我」。在各種欲望的不斷更替中，只有混亂的衝突模式一再上演，持續的意圖和真正的渴望都不可能存在。在這種混亂的衝突模式中，我們走過生活，而我們的小我（ego）* 則幻想著它已經擁有了意志力和獨立性。葛吉夫將這種情況稱為「恐怖的處境」。

——彼得．布魯克（Peter Brook），《神祕的空間》（*The Secret Dimension*），第 30 頁

宇宙中的一切都要進食，也都是食物，這是一條法則。無論是對於銀河還是原子粒子，上帝還是各種存在，地球還是人類，這條法則在各個層面上都行得通。與此相關的另一條法則是：得到滋養的會更加強壯，得不到滋養的則會死亡。這條法則也適用於不同層面，在物理學上為真，在超自然科學裡也同樣為真。我們的心靈圍繞著一個核心要素或者說一個固定的神經模式建立，在不同的體系裡我們對它有著不同的稱呼，「汙點」、「侷限」、「主要特徵」、「主要問題」、「主要缺陷」、「卑鄙的專制者」或是「盲點」——這些都是不同的工作體系給自我最為主要、顯著和重要的核心取的名字，也是自我最基本的神經質或信念系統。

我的心理機能正是圍繞著這樣的缺陷建立起來的，這個缺陷把自己隱藏起來，以便控制我的整個內在世界。要命的是，我竟然被我的缺陷迷住！我很信任它，並讓它掌控我的生活：它控制著我的思考—感受複合系統，它會捕獲和消耗我的注意力，它需要被不斷滋養。我很喜歡「卑鄙的專制者」這個稱呼，因為我的缺陷就是這個樣子，就是這種表現。薩滿的體系裡經常使用這個稱呼，但為了方便，我將我的缺陷稱為「盲點」*，這個詞簡潔而精確的描述了它對於我的意識所採取的行動：它依靠消耗我內在的能量而存活，它的構造使我在日常生活中無法看到它。就像基督曾經在《新約》中說過的那樣：「為什麼看見你弟兄眼中有刺，卻不想自己眼中有樑木呢？」這是一個法則。我們的構造決定了我們無法看到自己的缺陷，但卻很容易看到他人的缺陷，地球是為有缺陷的靈魂開設的學校。

我們每個人都有一個缺陷，它可以滋養成長中的靈魂。所以，我們每個人都有一個盲點，我們的心理模式就是圍繞這個盲點建立起來的。這個盲點主導著我們的生活，控制著我們的關係。其他人都能看到我的盲點，而我們自己卻看不到。一個精明的人會發現，當其他人指出他的盲點時，他會否認，並且會因為他人這樣看待他而感到氣憤。只有透過不帶評判的、最為耐心和誠實的自我觀察，經過相當長的一段時間，一個人才會獲得看到盲點所需的清明、誠實和力量。

盲點會竊取注意力的能量作為自己的食物。它並非只是活在我們內在的某一個中心裡。它會與理智和情感中心協同運作，創造出一個思考—感受複合系統（有的體系稱之為「迷宮」*）。有時它會顯現為一種思維模式，有時是情緒模式或習慣，而思緒常常會觸發情緒。由此它們形成了一個複合系統。我的盲點是自我憎恨，但它卻被一系列的習慣保護和掩蓋了起來。

這些習慣包括：對被拒絕的恐懼、對關係的恐懼、對親密的恐懼、疑慮、欺騙、憤怒以及自我毀滅等行為。多年以來，我的盲點看起來像是說謊，隨後又像是對被拒絕的恐懼，隨後又好像是一些其他的習慣。我一層層的穿越，每一層習慣的背後總是有另一層東西，而我的盲點一直隱藏著。我的盲點在最核心的地方就是自我憎恨。對其他人來說，那盲點可能是貪婪、嫉妒、不誠實、缺乏耐心、歇斯底里、開心、色欲、妒忌、搬弄是非、罪惡感、指責、虛榮、驕傲或其他的東西。對我來說，認為「我不夠好」就是我的盲點展現自己的方式。

盲點得到滋養，就會長得更加強壯。它以一個捕食系統的方式運作著，也就是說它由來自於同一個整體的兩個共生的部分組成。這兩部分總是一起工作，其中的一半跟隨著另一半，就像影子跟隨著身體一樣。這兩半都處於捕食系統中，如果自我觀察只是抓住這個系統的一半，那麼這種觀察就是不完整的，這樣也就符合了這個捕食系統的目的。這個系統只有一個目的——捕獲和消耗注意力。它需要靠注意力來獲得滋養，因為注意力就是我們，就是意識，所以這個系統的目的就是要吃掉我們。於是，這裡有兩種可能性：要麼是盲點消耗注意力，以它為食；要麼是盲點被注意力所消耗，成為注意力的食物。而後者也正是靈魂成長的方式。

這印證了牛頓的第一運動定律：能量既不會憑空產生，也不會憑空消失，它只是被轉移了。在這裡，我想要強調轉移這個詞，於是用「轉移」（transfer）替代了「轉化」（transform）。在整個宇宙中，能量不斷轉移，從太陽到地球，從地球到人類，以此類推。我們的內在也是如此。在盲點上也在發生著能量的轉移，這使得盲點可以成為一種食物來源，而它本該是一種供靈魂成長的食物來源，這才是盲點真正價值的體現。所以，如果能以適當的方式對待盲點，不去評判和進行任何形式的介入，盲點就會滋養注意力，它的能量就會轉移給注意力。如果對待盲點的方式不當，我們就會認同於盲點，並且去評判觀察的對象。這樣，注意力的能量就會轉移到盲點中。一方成長了，另一方就會被削弱。這是很自然的。

以下是捕食系統的運作方式：

❶ 捕獲

首先，我們需要有一個行為——什麼行為都可以，只要是慣性的行為，我們都可以瞭解和辨認出來。這個行為可能是猜忌、嫉妒、色欲、貪婪、奢求、仇恨、爭執、干預或是任何慣性的、機械的和自動化的行為。我在應對盲點時的優勢是，這種慣性行為是完全可以預計的，當我看到過它們一萬次以後（甚至更多次，我是一個學習速度很慢的人），它們一旦出現，我就能馬上認出它們，並且每次都能非常準確的知道它們會把我帶向哪裡。所以，我需要做到將注意力集中在身體上，在一個放鬆的身體中保持活在當下的狀態。無論在做任何事，無論身邊發生任何事，我都嘗試去找到自己，管控好自己的身體。這樣，在盲點出現之前我就能夠準備好。

放鬆的身體是可靠的。注意力如果集中在對的地方，它就無法被捕獲。集中在對的地方指的是無論任何行為發生（猜忌、嫉妒、貪婪、色欲、哀傷、奢求等等），都把注意力集中在身體的感覺上，放鬆身體。

但是我們那圍繞盲點構建的自我知道如何捕獲注意力，對於如何吸引或抓住注意力，自我已經有了上萬次的經驗。自我是機械的、重複的和慣性的——它就是習慣的複合體。所以這個系統的前半部分就是捕獲注意力。

2 消耗

捕食系統的後半部分是評判我們的行為（也就是認同），它會自動的、慣性的緊隨這個系統的前半部分，因此它也是可以預計的。當我有猜忌、嫉妒、色欲、憤怒、仇恨、飲食過量、說負面的話、八卦等各種行為時，馬上會有對這個行為的評判緊跟其後，這就是這個系統的後半部分。先是行為，然後是反應，這是一個定律。當我想要改變我的行為，我會去做內在的觀察，但這只完成了一半，我還沒有完整觀察到我想改變的那個內在系統。基於不完整的資訊或觀察，我只看到了這個系統的一半，我在這樣的情況下所做的決定會使我處於危險的境地，並且會給我的工作帶來風險。到底什麼對我是好的，我所知甚少，我也不瞭解我內在那微妙的平衡。如果我改變一個部分，每一個部分都會有變化，我可能會處於比開始工作之前還要糟糕的境地。

我還沒有瞭解到：我想要改變的部分，我想要改變的行為，或者更準確的說，我想改變的習慣，並非一個獨立的過程，它屬於一個更大更完整的系統，而習慣只是這個系統的一部分。一個系統就像是一個圓。觀察慣性行為只是在觀察這個圓的一半，一百八十度，而非三百六十度。我想要改變這個習慣的原因，是因為我對它有了評判（與它認同了）。這是很簡單、很明顯的。除非我把一個習慣評判為壞的、錯的、齷齪的，否則我不會想要改變它。這是一個很有意思的地方，對習慣的評判就是一種習慣，這個習慣有賴於先做出壞的、不好的評判，並從中獲得能量和力量。對習慣的評判是這個習慣的另一部分，這個習慣其實不是對酒精、甜食、色情或八卦的愛好或任何我們觀察到的其他東西，而是愛好飲酒（以此為例）並且對這種行為評判，這才是那整個的系統，完整的、三百六十度的圓。

這個完整的系統讓我們的自我保持現狀，停留在既有的位置上。對我來說，我的現狀就是自我憎恨，這就是我評判觀察物件的行為背後隱藏的力量。自我的存在有賴於這樣的認知：我不夠好，我是有問題的、有損傷的、我需要解決問題、修復損傷。自我就是發現問題和解決問題。如果沒有問題，也就沒有解決問題的需要，沒有自我存在的基礎了。

評判（系統的後半部分）只有一個功能：消耗注意力。我們的汙點，或者說盲點以注意力為食並消耗它。按照法則，盲點會因此變得強壯。得到滋養的會變得強壯，這就是法則。

另一方面，注意力可以通過被自我滋養而存活並強壯，這時捕食系統就會這樣運作：注意力安住於內，沒有被這個迴圈的前半部分（行為）所捕獲。「安住於內」指的是，無論什麼被丟到注意力前面，注意力都持續的感覺和放鬆身體。如果注意力保持穩定，穩固的專注在身體上，並保持身體的放鬆，這個系統的後半部分，即反應（評判）也就無法捕獲它。當注意力不被行為或反應所捕獲時，這個捕食系統就會去滋養注意力。於是我內在的注意力（即靈魂）就會變得更加強壯，從而能保持更久的專注而不被捕獲。

所以，自我觀察的第一個原則就是不評判。這並不意味著評判會就此停止，我只是不再認同於評判，不再去滋養它，而是用它來滋養我。內在的注意力每天都需要得到適當的滋養，所以每日的靜坐就顯得尤為重要。它會給我半小時不被打斷和打擾的時間，供我來練習讓注意力生根和安住於內。任何時候當注意力被捕獲時，只要我「記得自己」——也就是變得有意識，意識到自己被捕獲了——我就可以「重新開始」。我們都是初學者，我自己也是初學者，每天我都會一次次重新開始。逐漸的，在被思考—感受複合系統捕獲和消耗之前，我就可以「記得自己」（即找到身體，讓注意力回到對身體的感覺上並放鬆身體）。

所有不必要的思緒、不恰當的情緒以及不必要的身體緊張，都在為我們的盲點服務，我們可以預料它們總是會把注意力引向盲點。而注意力一旦被盲點捕獲就會被它消耗掉。所以，要去觀察不必要的思緒、不恰當的情緒以及不必要的身體緊張。放鬆的身體是可靠的。不要評判、譴責、批評，只是觀察。如果我不把熊吃掉，熊就會吃掉我。

盲點的唯一目的就是滋養自己，它通過觸發那些使它得到最佳滋養的模式來實現目的。那些模式就是理智、情感和身體的習慣。這些模式總是伴有身體上不必要的緊張。如果這些模式在任何情況下出現，我都馬上將注意力專注在身體上，深呼吸……並保持身體的放鬆，那將會怎樣？你可以自己去驗證，而不要只是聽從一些所謂的專家給的建議，即使這些所謂的專家有著各種文憑、證書和頭銜。自己去驗證，否則你將會被外來的知識、他人的見解和自己的盲點所束縛。

去改變觀察物件的努力只是在浪費能量，而且難以帶來改變。這種努力也是一種慣性和機械的行為，只會使更多的能量被捕獲和消耗。通過觀察所積累的理解，我們可以逐步耐心的改變我與觀察物件的關係，也就是說我可以不那麼容易的認同儲存在「迷宮」中的各種劇本和形象。這樣我與它們的關係就會變得：①漠然；②客觀；③不執著。評判會使我努力去改變觀察物件，所以，「捕獲和消耗」系統的後半部分通過我對觀察物件的評判來抓住我。這種評判每次都會抓住我，使我的盲點（自我憎恨是我的盲點）不被觸及並且得到很好的滋養。

評判無可避免總會伴隨著不恰當的情緒——因此不恰當的情緒就是一個致命的信號，說明盲點在開始運作。這是一個即時回饋機制。所以自我觀察的基本原則就是觀察不恰當的情緒。評判也無可避免的會伴隨著不必要的思緒，它說明盲點又開始運作了。這是另一個即時回饋機制。所以自我觀察的基本原則也包括觀察不必要的思緒。同樣的，評判也無可避免會伴隨著不必要的身體緊張，所以自我觀察的基本原則也包括觀察不必要的身體緊張，並放鬆身體。這些即時回饋機制都可以幫助靈魂發展、成長和成熟。它們不是缺陷，而是幫助我覺醒的天賦。它們是靈魂的食物。

所有為了變得有意識而付出的努力都不會白費，無論它多麼的微小。這是工作的一個法則。每當我進行觀察，我內在某些有意識的東西（注意力）就會因為得到滋養而成長。不要強求，每次觀察一點，我不在意「大的進展」，只在乎為「瞭解自己」而進行的穩步、耐心、謹慎而正確的努力，這就是我們獲得自由的希望。把希望寄託於頭腦是瘋狂的行為，把希望寄託於情緒會帶來哀傷和痛苦，而把希望寄託於自我觀察則是力量與智慧的體現。這樣可以滋養注意力，從而帶來更多有意識的狀態。於是，我也成熟了。

你這傢伙應該知道自己算個什麼

我將車停在加油站
一個女人開車從加油機後面衝出來
正好從我面前切過

我猛踩煞車，狂按喇叭
那女人停住車，從車窗探出向我喊叫
你這傢伙應該知道自己算個什麼！

是的
我確實知道
我是一個可憐卑微的失敗者
除了加油機什麼都不知道

我是一個受過教育的自滿之人
喜歡長篇大論
給我一塊錢我就會把所知的全都講給你聽

我是一個恐懼緊張而孤獨的騙子

只要哪個女人對我顯示一點仁慈
我就願意把自己賣給她

我是一個茫然而絕望的傻瓜
不知道自己如何來到這裡
接下來又要去向何方

我是一個三流的詩人
是上帝一個消沉而墮落的情人
是一個迷戀佛法和真相的精神流浪漢
為大師的教導拉皮條

我想知道的是
這個女人是怎麼知道這些的？

chapter

VIII

第一反應機制
── 預設反應模式

THE FIRST RESPONDER
——*The Default Position*

如果我們能夠清晰觀察，我們會看到（也許不是馬上，需要一個過程）「我」從來就不會憤怒。我們還會看到憤怒來自「我」周遭圍繞的一些東西，憤怒並沒有觸及到「我」。

——李．洛佐維克，《盛筵還是饑荒：關於頭腦與情緒的教學》，第 121 頁疲憊的旅人，你是一個哺乳動物身體裡的靈魂。你有必要瞭解這個身體如何運作，瞭解它內在的機能以及外在的表現。哺乳動物有五種學習方式：觀察、重複、模式化、試誤（try and error），以及玩耍。自我觀察會採用所有這五種學習的模式。思考—感受複合系統內置於我們的中樞神經系統裡。在所有哺乳動物的神經系統中默認的設置，或者叫第一反應機制，就是求生的本能。這是所有哺乳動物的底線，對我們來說也是如此。大多數的人都在以求生的模式生存著：以求生本能對任何可能帶來痛苦的威脅做出第一反應，無論那威脅是真實的還是想像的。本能中心的速度是最快的，它內置於我們的中樞神經系統內，活躍而有力。它的唯一功能就是保護我們的身體不受傷害。

求生本能位於肚臍（即本能中心），承載了兩種原始的基本情緒：憤怒和恐懼。這兩種情緒會引發不同的行為。如果我的天性對威脅的反應是憤怒，我就會戰鬥；如果我的天性對威脅的反應是恐懼，我就會逃跑。生物學家把這種求生本能命名為「戰或逃反應」。本能中心與運動中心連結得很緊密。

第一反應永遠都只會是以自私、求生和恐懼為基礎的，沒有其他可能；求生永遠都只會和「我」有關。本能中心承載著「求生本能」，它已經在我們這個人類生物機器裡建立起了首要的地位：我覺得它永遠是第一個瞭解情況並反應的部分（鄔斯賓斯基認為情緒更快，我不同意）。所以，我對痛苦或可能帶來痛苦的威脅——無論那威脅是真實的還是想像的——做出的第一反應永遠都只會是自私的、基於恐懼和以求生為導向的。你可以預先瞭解這些資訊，但現在你必須通過耐心細緻而且不帶評判的觀察自己去驗證。為什麼要評判求生本能呢？它被內置於我們的哺乳動物機器內，哺乳動物總是會以本能中心反應。這並不是錯的，它本來就該如此。

大多數人都是以本能中心來主導生活和人際關係的。這個世界以及我們人際關係的現狀都是以此為基礎的。求生本能信奉「以眼還眼，以牙還牙」的原則：如果你傷害我，我就要報復你，甚至要把你傷害得更深。所以人與人、國與國的爭鬥總是不斷。求生本能是無意識的和機械的，它必須如此。如果開車時有人突然硬切，我會緊急轉向來避免受傷。我沒有時間去思考或表達情緒，這些都是後話。你傷害我，我就會攻擊你。《新約》教導我們「有人打你的右臉，連左臉也轉過來由他打」，這是一個有意識的高層次高難度練習，絕大多數人是做不到的。我們的第一反應永遠只會是自私的。

只有人類這種哺乳動物在受到言語或行為的傷害時才可能有其他選擇，只有練習自我觀察的人才有能力去做其他的選擇。否則，我們只能聽命於自己的生物本能。機器只能去做它被製造時設定好的事情。如果我在關係中不斷重複本能的行為，其他人也會這麼對我，這樣的結果只能是一連串失敗的人際關係和國際關係。我不斷以憤怒或恐懼去回應每一種傷害，無論那傷害有多細微。我的反應要麼是回擊，傷害對方，要麼是冷落我愛的人，收回我的愛（這是一種消極的傷害方式）。這時，只有有意識的人才有選擇的餘地，而我們現在離有意識的狀態還差得很遠。讓求生本能服從於工作，「連左臉也轉過來」，是一種高層次的練習，在薩滿體系中稱為「戰士的演練」（the Warrior's Maneuver）。這是一個對於痛苦或可能帶來痛苦的威脅所採取的理智回應，而本能是非理智的。

這也不是盲點會做的事。理智的反應與滿足它被滋養的需要毫不相關。理智的反應是它最不想做也最不需要的，無異於為它敲響了喪鐘。所以，使我以哺乳動物的方式馬上做出自私和不理智的反應，才更符合盲點的既得利益。

「工作」自己的人會瞭解一般人對於痛苦或可能帶來痛苦的威脅，只有兩種可能的反應方式。我瞭解求生本能也是其他人的第一反應機制，這種機制只可能是自私的，它牽涉到有機體的存活。這就是為什麼這種機制要首先反應。在龐大的肉食性動物興盛的時代，我們是牠們喜愛的食物，那時我們就是靠著這種機制活下來的。對於這種內置的反應方式，我們沒有其他的選擇。

但是，「工作」自己的人對於是否要依照求生本能反應是有選擇的。我可以選擇是否聽命於戰或逃的反應。當衝動開始由中樞神經傳導，讓身體做了戰或逃的準備時，我可以選擇找到自己，管控好自己的身體，不做反應，不加評判，不做任何改變，只是去觀察，並且讓身體放鬆下來。

有意識的人會把呼吸帶到肚臍（即本能中心），放鬆身體。這樣，這股能量的衝擊波就會被轉化為更加高等和精微的能量，我們可以稱之為愛或智慧的能量，或者只是稱之為工作的能量。我能夠不用這股能量去回擊或逃開，而是客觀的去理解我和他人內在的反應。這樣我就能夠不去顧慮自身所要付出的代價，冷靜的找出可以幫助這段關係更好發展的最佳方案。這樣的行為曾被覺醒的人稱為無條件的愛。

在中樞神經系統內還有一種與「第一反應機制」相應的機制，叫做「預設值」，它位於情感中心而不是本能中心內。情感中心的運作比理智中心快很多倍，它的功能是衡量——它是一個內置於生物機器中樞神經系統內的衡量設備，它的目的是讓我們求生的機會最大化。它與本能中心的求生本能緊密協作。情感中心只會去衡量一件事，即某種情況、某個時刻或某人的危險程度；換句話說，即某種情況、某個時刻或某人能帶給我多少好處。好處越多，危險越小，身體裡的緊張也就越少。所以，求生本能並非只是在「突發情況」下才起作用。

情緒只是身體裡的能量，它的功能就是衡量環境有多少危險和多少愛，這種身體裡的能量再沒有其他的功能。有趣的是，實際上只有一種不斷流進身體的能量，沒有它身體就會死亡。這唯一的能量就是愛。造物主就是公正客觀的愛，這種愛的能量不斷流進所有生物體內，否則它們就會死亡。

但是經過一系列訓練、限制和設定，人類生物機器只會在認同的狀態中按照自身的模式（即「思維定式」）將愛的能量轉化為各種「情緒」，並認為這種習得的轉化最能保障生存的需要。如果我認為這些情緒能夠成功的給我帶來求生所必需的東西，就會把它變成習慣，並且作為「預設反應模式」「植入」情感中心。這樣在受到極端的威脅時，作為中樞神經系統一部分的情感中心，就可立即以這種預設的慣性情緒反應。憂鬱就是這種情緒中的一種，很多人都樂此不疲。為什麼？因為這會吸引別人的注意力，讓他們來拯救我和照顧我，這是符合求生本能的。

當然，這樣的邏輯、行為和習慣是在我們很小的時候形成的，原因可能是照顧者沒有在我們需要的時候給予適當的反應或訊息。這沒什麼「不對」，哺乳動物只是受制於自身的侷限，以他們的慣性模式反應。「萬不以有罪的為無罪，必追討他的罪，自父及子，直到三、四代」（《出埃及記》34：6—7），這說明了慣性的情緒和思維模式會在家族系統中承襲幾百年，一代傳給一代，沒有終結。在我所處的環境中只要有威脅，無論這威脅是真實的還是想像的，這些慣性的情緒模式都會作為情感中心的預設反應模式。

在一個家庭中，預設的反應模式可能是憤怒，可能是憂鬱、盲目樂觀、毒癮、虐待、身體和情感上的冷漠，或是拋棄等等，這個清單還可以繼續寫下去。情緒是身體裡的一種能量，用來衡量危險與愛的多少。我要如何處理它取決於兩個因素：①接受並固化的模式，即成為預設反應模式的內在侷限和預設；②來自一個有意識的覺醒者的自由注意力。如果我是一個有意識的覺醒者，我就可以依照我的目的來選擇。如果我是一個被無意識習慣驅動的普通人，我的「預設系統」，我慣性的情緒取向就會替我選擇。習慣會以我的名義、用我的聲音去說話，會替我去行動，而我則需要去承擔這些可能會改變人生的選擇所帶來的後果。

這個人類生物機器內那些機械的、無意識的慣性模式所做的反應完全沒有理智，沒有意識，而我有時則需要用餘生去為這樣的反應償還。憂鬱就是這樣的一種慣性模式，它通常是故意的，但也有例外，我對它的反應也是如此。情緒就是能量——我也是能量組成的，我如何使用這能量取決於我內在狀態是慣性、無意識、機械的，還是有意識、有目的和主動的。

只有通過在不介入觀察物件的前提下，所進行的耐心、誠實而放鬆的自我觀察，我才能開始看到和瞭解這一切，從而依照我的目的去選擇，而不是做一個被第一反應機制或預設反應模式所驅動的機械的和無意識的機器。只有這時，我的人際關係才有可能是成功的，並且給我帶來滿足感和靈魂的滋養。

你不知道愛是什麼

在去野餐的路上我停下來
去買蘋果派和我最喜歡的玉米片
我們到達目的地
我們喝啤酒，烤漢堡
玩得很愉快

為了顯示我是多麼好的一個人
我把剩下的蘋果派留給他們
但是把玉米片包裹好小心的放在保溫箱旁
這樣我就可以把它們帶回家了
它們是我的最愛

第二天我去廚房找玉米片
但卻根本找不到

我找遍了家裡然後來到洗衣間
她正在洗衣服
我問她玉米片去哪裡了
她說為了顯示自己是個好人
把玉米片留下了

這就是爭吵的開始
一直繼續
直到每次都以同樣的方式結束
她哭了

當我試圖通過說我愛她來安撫她時
她說你並不愛我
你並不知道愛是什麼

我尋思著
當然是默不作聲地的
說我不懂愛真是胡說
我愛那些玉米片

chapter

IX

群「我」

MULTIPLE I'S

……心靈的壽命與控制身體的每一個「面具」或「態度」同樣長……通常是十五秒。這根本就不夠去完成任何事情，更不用說去收集高等物質，讓自己完美並結晶出一個靈魂。

——E. J. 高德，《奉獻的喜悅：蘇菲之道的祕密》（*The Joy of Sacrifice: Secrets of the Sufi Way*），第 13 ～ 14 頁

第四道體系中最難理解的概念之一，就是我們的內在不是統一的，沒有一個隨時隨地都在的「我」。我們的內在有一群「我」，它們是分裂的，由幾十乃至幾百個互相爭吵、競爭和打鬥的「我」組成。每一個「我」都有著自己的企圖、口吻、情緒和信念。對此，我們難以馬上理解，只能獲得在理智層面上的一個認識。我相信我是合一、完全和整體的，而我出生後被塑造的心理模式則會讓我無法看到內在的真實狀態。心理學把這種狀態稱為精神分裂，並且稱之為一種精神疾病。但整個人類就是這樣的狀態，每一個我遇到的人都無一例外，受到這種內在狀態的困擾。

而我們卻不願意承認，因為這樣會給我們帶來風險——社會有為這樣的人預備的地方。所以，為了避免被射殺、關進監獄或是精神病院，我們都精心發展出各種偽裝、面具、角色、遊戲和虛假個性來掩飾我們內在的分裂。逐漸的，我們開始認為這偽裝就是真正的自我，並且會為了保護它不受攻擊或不被暴露而戰。

我的內在充滿矛盾，而我卻只能看到其他人很明顯的充滿矛盾。我無法理解為什麼即使我為他人指出來，他們也看不到自己內在的矛盾，而且通常我這樣做時會招來他們的反感和防衛，以及對此的否認。我其實和他們一樣，也不願相信自己的內在處於支離破碎的分裂狀態。

這樣的結果就是我假裝自己和他人的內在都是完整而統一的，都有一個單一且穩定不變的「我」。於是 X 先生答應要做某件事情而第二天卻沒做，我就會覺得被冒犯，從而感到憤怒，並認為X先生是個騙子，不值得信任。如果我覺得被嚴重冒犯，哪怕是因為一件小事，我都會終止與X先生的友誼。我們總是因為一些微不足道的小事引發的不滿而終止一段關係，為什麼呢？首先是因為我們認為別人有一個隨時隨地都不變的「我」。此外，還因為我被很多個微小的「我」所控制，每一個「我」都有自己的企圖。其中一個「我」充滿了自大，並不重視我跟那個X先生的友誼，因而決定終止。這個「我」替代我去思考和說話，以我的名義行事。我這樣做所帶來的損失可能是無法挽回的，我可能在餘生都要為這個微小的「我」一時衝動的行為付出代價，而這個「我」在下一刻、下一個鐘頭或是在第二天可能就不再控制我，並且消失得無影無蹤了。

如果第二天你問我到底為什麼會如此對待X先生，我會非常坦誠的告訴你「我不知道，我不知道我當時在想些什麼」，或者，我會去責備X先生，用顯而易見的謊話或藉口來為自己的行為辯護。這就是我的狀態，也是我見過的所有人的狀態，無一例外。這種分裂的狀態在主導著我們的生活。這就是為什麼我們難以自始至終的完成一件事，達到設想的結果，尤其是那些需要幾天、幾個月甚至幾年來完成的事情，更是如此。我們會設定方向並開始一件事情，但很快就會不停的偏離設定的方向，甚至偏離到完全相反的方向，即使是像婚姻這樣重大的事我們也會如此。我們會以離婚結束，或是由於偷情或酗酒而嚴重破壞我們的婚姻。

我們為什麼會這樣做呢？很簡單，那個在上帝和眾人面前發誓的「我」確實是衷心這麼想的，當它主導「我」這個人類生物機器時，它也會這麼做，而一旦另一個「我」取得了控制權，之前的一切都會被忘記。更嚴重的情況是當下取得控制權的「我」沒有忘記曾經的誓言，但它卻對這些誓言有著強烈的抵觸，不想與它們有任何關係。這個「我」首先會詛咒自己所處的情況，不願相信自己身處這樣糟糕的局面。它會反問自己：「我在娶她的時候到底在想什麼呢？」完全記不得另一個「我」在當時的狀況。在這個「我」的世界裡，只有酗酒和偷情是最重要的事，它才不在乎這樣做給自己和他人帶來的後果。每一個這樣的「我」都只是在乎得到它想要的東西，在乎何時以及如何能得到它想要的東西，「該死的魚雷，全速前進！」是它們的信條。

這樣的情況每時每刻都在我們的生活中發生，一生都是如此。其實每個人都是這個樣子。

一個微小的「我」會暫時控制我們，替我們做出選擇，替我們說話，以我們的名義去行動。我們的整個人生和人生方向，可能就會取決於這個看起來微不足道的時刻。此時真正的「我」根本不在，它不知道發生了什麼，後果是什麼，也不知道所做選擇的重要性。而內在群「我」中的一個「我」，已經帶著最終的確定做出了改變人生的選擇和決定。

做出選擇的那個「我」有著自己的企圖。所有的「我」都有自己的企圖。它們唯一的目的就是去實現自己的企圖，而不會去顧及我、我的生活和人際關係所要為此付出的代價。就是這樣。由於我的內在沒有一個單一、統一、穩固和持續的「我」存在，於是在面臨一個選擇的時候，我會聽命於任何一個隨機出現的「我」。

我能看到這對我意味著什麼嗎？身為一個人，我能瞭解這種情況給我帶來的處境嗎？這就是葛吉夫先生所說的「恐怖的狀況」，這就是地球上每一個人所面臨的狀況。美國總統怎麼能說出一件事，隨後又深信不疑的公然給出明顯是謊言的相反表述，做出完全相反的事來呢？因為他跟你我一樣——內在有一群「我」，每一個「我」的企圖都不同，他像你我一樣被這樣的「我」所控制著。

這些「我」有三種類型：

❶ 第一類的「我」知道工作的存在，它會強烈乃至激烈反對工作的目標，抗拒自我觀察。因為它知道這樣做，很有可能會暴露它的企圖、矛盾和信念。

❷ 第二類的「我」根本不知道工作的存在，也不知道有關的內容和目的。它對於工作以及自身企圖以外的目的沒有任何記憶；除了自身，它對於其他的一切都是無意識的。

❸ 第三類的「我」知道工作的存在並深受影響，它願意去實現工作的目的，並與其他同類的「我」合作。

美國總統幾乎完全被第二種「我」所控制，其他掌握著國家命運的元首也都是這樣的。聽話的頭腦是地球上最罕見的東西，出現的概率可能只是百萬分之一。你們很快就會發現：在電視上看到的那些有權有勢的富人（包括所有國家的元首）充其量不過是些傻瓜，他們甚至有些瘋狂，乃至是些危險的瘋子，並且會帶來實際的危害。其中有些人殺害了幾百萬人，他們在毀滅地球，他們跟我們一樣但卻沒有受到那麼多的社會約束，他們被權力所腐化。

上述的狀況代表了「恐怖的狀況」的另一種含義，但真正的「恐怖的狀況」在這樣的情況下才會升起，即我不帶評判和改變觀察物件的企圖，誠實的進行長期的自我觀察，並且看到所有的爭鬥都是一樣的內在爭鬥，所有的恐怖份子都藏在一個地方，即我的內在。這些恐怖份子只有保持不被我的注意力發現才能活命，才能存在。當我能夠清晰的看到它們，它們就失去了偽裝。看到它們就是一種深入的改變。

一旦我看到內在的群「我」，看到它們的運作，一切就會發生改變。

現在，真正的受苦——自願的受苦——在我的內在真正開始了。之所以稱之為「自願的」，是因為沒人能夠強迫我去觀察自己。沒有人能做到。我們必須在內在發展出第四道體系中提及的「觀察的我」，我的內在只有它是願意去觀察的。隨著「觀察的我」被內在本質越來越記起和使用，它會得到加強並與內在本質融為一體。藉助痛苦產生的力量，它會越來越活躍——痛苦是一個很有效的驅動器。隨著越來越多的

「我」加入到「觀察的我」的力量中來，它們會在「觀察的我」周圍凝聚和結晶，就像粒子聚集在電荷周圍一樣。要讓「觀察的我」變得強壯和活躍，需要經過多年的練習，每天堅持十五至三十分鐘的靜坐，而非只是努力幾小時或幾天，偶爾記起要工作的事。

逐漸的，「觀察的我」的目標——看到我的本來面目——就會變得活躍起來，並開始具有真正的力量和能量。練習所帶來的痛苦會在我的內在建立和發展出被第四道體系稱為「良心」*的東西。我們生來都有一顆纖細而微小的良心「芥籽」。但常人的這顆芥籽一直處於胚芽期，沒有發育。我們可以一直到死都被各種的「我」所控制，甚至是一些宗教性的「我」。這些宗教性的「我」不具備良心，只有一套繼承的「信仰系統」，它們無法思考，只會去譴責和刻板的信奉那些自己沒有驗證過的教條或學來的理論。這樣的人無法獲得領悟，他們通常很刻板，甚至帶著暴力和好戰的傾向去追尋從神父那裡繼承的教條，而這些教條都是學來的，沒有經過驗證而且充滿了誤解。這些人通常非常有評判力，可能帶來極大的危害。他們會以一個想像的、虛幻的和自創的神的名義行事，做出一些不可告人的事來。歷史上充斥著很多這樣的人和這樣的事。

但是通過「自願的受苦」，真正的良心芥籽可以成長。這是非常耐心、緩慢而認真的多年自我觀察帶來的結果。只有在芥籽開始生長，真正的良心得到滋養並開始發展時，我才能夠瞭解真正的自願受苦意味著什麼。因為我所喜歡和認同的群「我」並不會就此走開。只要我選擇去相信和認同它們，它們就會控制我。

成熟的工作者只是不把控制權交給這群「我」，不讓它們去代替自己講話、選擇和行動。我只會服從於我的目標。我選擇依照目標生活而不是去依照這些微小的「我」的企圖來生活。我之所以會痛苦是因為我一而再、再而三的看到我很容易就被這些微小的「我」所控制。我清楚看到自己不願停止偷情和酗酒（舉個例子，不是實情），從來不考慮我自己、我的關係和生活為此付出的代價。現在，我內在有一顆良心的芥籽——這不是從別人那裡學來的信念系統，它完全屬於我，我曾為此付出了代價——現在，我的痛苦異常強烈，但我在以一種新的方式在全新的層面上受苦，這種痛苦會滋養良心。這是常人所無法理解的。

只有那些被這種「恐怖的狀況」折磨多年的絕望之人，才會完全臣服於造物主，來換取這枚芥籽，或者叫「寶珠」。你明白了嗎？我是否敢於看到自己的決定每一刻都在被那些微小、自私和無意識的群「我」控制著，而我只是它們欲望的奴隸。我是否敢於看到我的生活已經不屬於我，而被用在做一些愚蠢的事上，比如偷情和酗酒（或是其他可以讓微小的「我」的企圖得到滿足的事）。

我能在我的內在看到真實的「恐怖的狀況」嗎？試著去觀察你內在一個「我」的整個運作週期——不僅是它實現企圖的行為，還有由此行為引發的評判以及對自己的感受。整個的「『我』的運作週期」（entire cycle of a single "I"）不僅包括行為這一半，還包括由此產生的對反應、評判以及對自己的感受。自己去驗證你真實的內在狀態。當我能夠覺察到某一個內在的「我」，覺察到它的所作所為，以及它的貪婪，這就是一個記得自己和自我觀察的時刻。

如果你努力去改變觀察物件，就說明你認同了觀察物件，認為自己就是觀察物件，因而無法不去相信它並給它力量。然後我的另一個部分——另一個「我」——會去評判，認為必須要阻止前一個「我」，然後就會去這麼做。結果呢？內在戰爭，自我分裂，改變觀察物件的努力只會加強觀察物件的力量。結果呢？沒有改變，只是慣性行為的重複：評判那個行為——努力改變那個行為——如果無法改變就內疚並詛咒——進一步重複慣性的行為。這是一個迴圈，不斷重複。因為它是慣性的，所以我可以預測它。每一個習慣都是一個不同的「我」。

這裡有一個很好的例子。昨天我花了三小時來撰寫這一章，不斷改寫，覺得已經完成了一篇不錯的初稿。我在家裡用一台借來的筆記型電腦做一些最後修改，不小心按了一個鍵，結果整章文字都不見了。我急切想恢復那些文字，但卻沒有成功。

我坐在這裡感到很絕望，不願相信這是事實。於是一些熟悉而強有力的「我」開始在內在出現。其中一個就是憤怒。但我到底要對誰或是對什麼感到憤怒呢？難道是筆記型電腦嗎？很快的我就陷入自己的預設反應模式——自我憎恨，這也是我的盲點。然後另一個「我」升起，叫我放棄撰寫這本書的計畫。我花了幾分鐘才記得自己，找到自己，使注意力回到身體。

我做了一個有意識的決定：不誇大這起事件或者說給我太太聽。我關上電腦，來到後院，跟坐在院子裡的太太一起喝了杯葡萄酒。當她問我進展如何時，我告訴她我這一天過得不錯，我很滿意。當晚在一個朋友家用餐後，我提起了這件事，獲得了適當的同情，我們都笑了起來，這件事也就過去了。第二天，幾個帶著懷疑、恐懼和自我憎恨的「我」又開始急切想要占有我的能量，但我堅持我的目標，坐下然後重新開始寫。於是我完成了這一章，比那天的初稿還要好很多。你可以看到在我身上發生的事，有時我把熊吃掉，有時熊把我吃掉。這樣的情況會一直持續下去。

圖特瓦拉·巴巴（Tutwalla Baba）

在他九十三歲去世時
所有的報導都說他像三十歲
平滑的臉，垂地的暗色頭髮
他散發著光彩和美

他的靈性工作很簡單
走路時眼睛向下看
很少講話

當他看著別人的眼睛時
會讓他們燃起活力
當他講話時
話語會把人穿透

由於拒絕說謊
巴巴走進了聖火
低調和節制
讓他成為了聖人

chapter

X

否定的力量——工作的阻力

THE DENYING FORCE
——*Resistance To Work*

學會為了工作去承受暫時的痛苦……與否定的力量做朋友……如果我們對於選擇哪條道路感到困惑，那就應該選擇阻力最大的那一條。

——E. J. 高德，《奉獻的喜悅：蘇菲之道的祕密》，第 101、102 頁沒有阻力，所有內在和外在的活動都不會發生，有些體系把這種阻力稱為「摩擦」。我在冰上難以獲得推進力或摩擦力，因而無法移動。當輪胎失去來自路面的阻力，車子就會失控打滑。依照定律，在我們的內在情況也是如此。在生命的成長和成熟過程中，無一例外會遇到內在的阻力。努力越大，內在的阻力就越大。很多人在阻力第一次顯現時就放棄了靈性的工作。他們沒有足夠的理解和力量來應對阻力，他們認同於阻力並被它所控制。也有一些人雖然堅持下來，但卻隨著內在阻力的增長而放棄了自己的目標。強大的阻力確實導致許多人放棄了工作。

頭腦的特性是分裂、反對、否定、抗拒和拒絕。不！疲憊的旅人，也許你在人生逆旅中已經對此有所覺察，但我們大多數人都因為所受到的訓練、強迫和威脅而認同於頭腦，生活在這樣一個狹窄簡陋的小屋裡，沒有意識到旁邊雄偉的大廈。頭腦被設定成反生命的模式，它充滿了對死亡的渴望。你能在周圍人的身上甚至你自己的身上看到這一點嗎？你能夠想像這對你的生活、你的人際關係意味著什麼嗎？

為了發展和進步，我們必須在追尋和逃避這兩種力量（第四道體系稱之為「確認」的力量和「否定」的力量）之間找到「中和」的力量。我們不能只用一股對抗的力量來應對阻力，那樣的結果是陷入僵持的狀態，無法動彈。我們必須在兩股對立的力量之間找到中和它們的方法。第三股力量必須在我們的內在升起。自我觀察以及相伴而來的記得自己可以為我們提供中和的力量。這股力量可以使我們站在內在兩股對立的力量，即「是」和「否」之間，而不去認同於任何一邊。我們能夠保持中立，不偏向任何一邊，這在佛教傳統中稱為「平等心」。這是一種平等對待對立的兩極而不排斥和順從其中任何一極的能力，這就是工作的本質。我們的內在就是一團相互矛盾的「我」，其中很多的「我」都是對立的，每一個「我」都在為了實現自己自私的目的而爭搶對身體的控制權。我們可以在這種狀態下進行不帶評判的自我觀察。我們找到自己，不去認同，我們的內在保持著寧靜，不去偏向任何一方，這樣，這些力量就被中和了，我就可以前進了。

所以，不要被工作的阻力所矇騙，它就像跟隨身體的影子一樣無可避免。它是合理的，也是必要的，任何發展都離不開它。實際上，當我們走在正確道路上的時候，阻力可以成為一個非常明確的引導信號。小我會排斥和盡力抗拒任何形式的自我觀察。我們對群「我」的運作發現越多，內在的阻力也就越大。只有我們無法意識和覺察到這些「我」時，它們才能夠繼續生存。當自我觀察之光灑在它們身上時，它們就無法繼續存在下去。它們只能生活在黑暗裡。隨著一個人的工作取得進展，他會獲得更多的洞見和領悟，但阻力並不會消失，它會隨之一起增長。內在的阻力越大，我們越確信自己走在正確的道路上，並發現了一些真實的東西。

只有智者才能理解內在阻力對於自我觀察的意義和價值。他們會把阻力當做一個信號，說明他們找到了真正對生命有價值的東西，而不會放棄繼續觀察的努力。關於工作，有這麼一個說法，「如果我能看見它，我就不需要成為它」（珍・寇克斯〔Jan Cox〕）。耐心的練習以及努力觀察和感覺，會讓我不帶任何抗爭、暴力乃至評判去穿越阻力。評判就是阻力。沒有必要去抗爭或指責，只是帶著平等心，讓身體放鬆去觀察。當水遇到阻礙，它只是從旁邊、上面或下面流過，它的柔順使得它可以繼續流動。武術有著相同的理念，順著打過來的力量走，而不是去對抗它；在對手面前保持放鬆，而不是讓身體緊張。阻力是無可避免的，要去使用它，而不是與它對抗。

經過一生這樣的練習，一個人就可以把自己的死亡當做一個支持者和指導者，而不是像我們的文化教導我們的那樣，把死亡當做可怕的敵人。沒有必要與死亡對抗或抗爭。它是造物主給予的禮物。造物主就是愛，所以死亡也是愛。在活著的時候接受死亡這個事實，會讓我知道正確的生存之道：慢些評判，快些原諒。我遇到的每一個人都無一例外會死去，所以，還抗爭什麼？還有什麼需要指責的？不去評判，這就是自我觀察之道。

平等心

不帶評判與不去分辨是不同的
它是一種平等心
既不過冷也不過熱
在欲望拉扯時保持鎮定

也許你曾見過古老的平等心標誌
在兩頭相對的獅子之間
西垂的落日穩坐在地平線上
它的光平等的照著是與否

印第安人對此沒有命名
他們只是講
你吃掉熊，還是熊吃掉你
都是同一回事

chapter

XI

緩衝器

BUFFERS

我們內在有一些特別的裝置來防止我們看到（我們）內在的矛盾，這些裝置叫做緩衝器*。緩衝器是一種特別的設置或者說一個特殊的產物……它會阻止我們看到關於自己和其他事物的真相。緩衝器把我們的思想劃分為若干隔絕的空間。我們會有很多矛盾的欲望、意圖和目標，但我們看不到這些內在的矛盾。因為這些緩衝器阻隔在它們之間，我們無法在一個空間裡看到另一個空間……緩衝器讓我們看不到……有著強有力的緩衝器的人永遠都看不到……一般說來每一個緩衝器都是基於對自己，對自己的能力、力量、傾向、知識、素質和意識等方面的一種錯誤假設……它們是固定的，在特定的情況下，一個人總是會感覺到和看到同樣的東西。

——P. D. 鄔斯賓斯基，《第四道》，第 153 ～ 154 頁

上述文字描述了思考—感受複合系統是如何運作，阻止我看到「緩衝器系統」的。這是一個非常精密的干擾系統，它會吸引我們的注意力，阻止我們看到思考—感受複合系統如何捕獲和消耗我們的注意力。「緩衝器系統」包含很多東西，但我們可以通過五大類別或類型來開始觀察緩衝器。

1. 指責（「不是我」）。這是保持控制（尤其是在關係裡）的經典方式。當我開始指責的時候，我已經占據了「正確」的位置，必須讓你處在「錯誤」的位置。這時關係就被破壞了，只剩下攻擊與防衛，以及無止無休的戰爭。

2. 辯護（「是我，但是」）。我們無論做了什麼，都會讓自己保持正確：「是啊，我打了她。但你沒看到她在跟那個傢伙調情嗎？你說得真對——我就是打了她！」

3. 自大（「只有我」）。一位雅基族（Yaqui）印第安薩滿巫師唐望．馬圖斯（Don Juan Matus）曾經這樣教導他的徒弟卡羅斯．卡斯塔尼達（Carlos Castaneda）：「因為他人的行為或失誤而生氣會削弱我們。我們的自大要我們花費一生中的大部分時間來生別人的氣，沒有了自大，我們就會強大起來。」這是攻擊者—受害者關係的主動形式，表現為控制。

4. 自憐（「可憐的我」）。這是自大的反面，這是自大者被動式的攻擊，是一種在關係中保持控制的狡猾手段，以扮演受害者的方式進行，表現為屈從。

5. 內疚（「是我不好」）。這是在社會關係和人際關係中最強有力的支配和控制他人的方法。

這五種方式是如此吸引我們的注意力，甚至於讓人喜歡或著迷。注意力在觀察思考—感受複合系統時很容易馬上就被它們所轉移和分散。思考—感受複合系統通過這樣的方式防止我們聆聽和接受幫助，以及看到自己的本來面目，從而保護它的「捕獲與消耗」機制。對這五種方式一無所知，符合思考—感受複合系統的既得利益，它知道我們對真相的瞭解對它沒什麼好處。

但是思考—感受複合系統是機械、慣性和無意識的，我們不需要被它蒙蔽，我們有力量超越它。我們可以學習觀察正在運作的思考—感受複合系統，因為它是可以預計的，每次都以同樣的方式行事。只是看到它，我就可以獲得自由，唯一改變的是我與它的關係，也就是說不再認同於它。緩衝器使我迷惑和分心，我們在觀察它時付出的全部努力都對工作很有幫助。

評判、認同、否定、不必要的思緒以及不恰當的情緒等，都無可避免會伴有不必要的緊張，所以，不必要的緊張就是思考—感受複合系統開始運作的致命信號。這是一種即時的回饋機制，它在指引我們去觀察不必要的緊張。讓身體放鬆的努力是非常有用和有益的，這樣的努力在禪宗裡稱為「無為」。它不是通過肌肉的「努力」來放鬆，而是在內在觀察、身體覺知以及領悟方面的努力。進一步來說，放鬆是一種內在的感覺，也意味著放鬆對於身體機能以及思考—感受複合系統緊抓式的認同。這在很多傳統裡都有提及，在禪宗裡稱為「無為」，即內在的一種通過主動努力達成的被動狀態。

觀察緩衝器是一項緩慢且需要耐心的工作。我們為了在這個瘋狂的世界中生存而改變，並且創造了一些內建的裝置，以避免自己看見改變後的樣子而感到恐懼和羞愧。如果我們在一個瘋狂的世界裡仍舊保持清醒和穩定的狀態，很快就會成為一個不受歡迎的麻煩製造者而被消滅。緩衝器可以維持外在世界日常的穩定，去除緩衝器是一項非常精巧的工作，不能太快完成，否則將有危險並會適得其反。隨著觀察的深入，一些新的特性和品質將會作為自我觀察的副產品在內在出現。隨著良心的覺醒和成長，緩衝器將不可能維繫下去，它將會消解，我們將無法再無視內在的矛盾。維繫虛假個性的緩衝器，將被自然升起的全新特質所代替。

在工作中，一條重要的法則就是：專注、放慢腳步和平靜。不用著急，工作是急不得的，它需要異常的耐心。這種耐心在觀察的過程中會發展出來。我們內在需要的東西會在適當的時候出現，上天會幫助我們的，祂一直在關注著我們。我們只需要在這個過程展開時，信任祂。緩慢發展才是有把握的和安全的。

緩衝器庇護著脆弱的心靈。如果我們直接看到真相，直接看到那破碎和分裂的自我，由此產生的衝擊和恐懼會把我們毀掉。我們無法承受看到自己的瘋狂，緩衝器將避免我們受到這個衝擊，確保我們處於「正常的瘋狂狀態」。我們當中絕大部分人的內在都在以瘋狂的方式運作著，由此產生的痛苦即使有緩衝器系統的保護，對這些人來說也是難以承受的。為了讓自己能夠承受這種頭腦疾病所帶來的痛苦，我們會用一些方法來自我治療。

通常我們會用金錢、性、權力、名譽、毒品來讓自己不再專注於自身狀態所帶來的痛苦，對內在狀態的真相變得麻木。這痛苦確實讓我們難以承受。第四道體系中關於進入「瘋狂地帶」*的法則是這樣的：唯一的出路就是穿越。我們必須穿越自己的瘋狂。自我觀察和記得自己，都是幫助我們安全穿越瘋狂地帶的方法。

只要找到自己，不帶評判和改變企圖觀察自己的矛盾，最終，隨著我們在工作中成熟，觀察物件會自行變化的。只有我們成熟，變化才會發生，這是練習自我觀察所帶來的益處。我們將會瞭解要做什麼和怎樣做，我們將會知道何時必須要抗爭，以及通過抗爭我們可以獲得什麼。沒有必要去跟任何東西對抗，當我們清楚抗爭所獲得的結果之後，那些不再有意義的人生目標就會被取代了。

什麼也沒留下

我對什麼都失去興趣
日子像暴雨後的爬蟲一樣緩緩而過
我可以在有遮簾的門廊裡從清晨坐到天黑
什麼都不做
只是看著影子從一棵樹移到另一棵樹
直到一切都籠罩在灰暗之中
就像我空虛的心一樣

運動曾經讓我感興趣
但它已經因為貪婪和對運動愛好者無情的鄙視而敗壞了
報紙曾經因刊載的連環漫畫讓我感到希望
但現在我也沒興趣了：
喀爾文和他的老虎
帶有真正的瘋狂和公認的愚蠢
除了它們，剩下的都只是單純的搞笑

電視中無聊的節目一個接一個
當中夾雜的震耳欲聾的廣告
比最糟的節目還要愚蠢

我坐在有遮簾的門廊裡
突然她又來了
每天這個美麗的女人都會走來走去
帶著一頭幾乎垂及臀部的長長棕髮
她今天身著緊身短褲
腿部的肌肉秀美呈現
小腿起伏分明

大腿細緻的棕色肌膚線條明顯
我的唇幾乎可以感受到她的秀髮
而她隨即向著山丘的方向走去

我剛才在哪裡？
哦，是的
我對什麼都不再有興趣

chapter

XII

觀察與感受

SEEING AND FEELING

致力練習自我觀察的果實是會對自己真正誠實，也是突破頭腦誘捕過程的一項關鍵。

——李・洛佐維克，《盛筵還是饑荒：關於頭腦與情緒的教學》

人的侷限使我們相信，必須要「修復」所看見的問題，工作中最難做到的一件事就是觀察時不去介入或評判觀察物件。放下你的劍，停止爭鬥吧，疲倦的旅人。爭鬥是一個陷阱。當一個「我」去與另一個「我」爭鬥時，一種自我分裂和瘋狂的狀態將永久持續下去。需要被「修復」的東西沒有盡頭，一直會有。但由於人類生物機器是由一種睿智仁慈的高等智慧創造出來的，所以我們隨身帶有一個簡單的工具：自我觀察。

我是一個沒有希望的傻瓜，但我都可以慢慢學會如何使用這個工具，你當然也可以。我們的構造決定了我們只要身體沒有被破壞或毀滅，沒有嚴重的精神疾病，就可以通過緩慢而耐心的自我工作恢復清醒正常的狀態。這就是工作的美妙之處。這種工作學起來簡單而方便，可以使我們成長與成熟，而學習它的工具就是觀察。我們必須要學會如何來學習。一旦我們學會了如何學習，學習的範圍、深度和收穫將是「沒有止境的」（如李・洛佐維克先生所說）。

我們每一個人的內在都有著基本的良善，即使是那些最糟糕的人。這是生命的本質。我們生而為人時就帶著這種良善，它以惰性的形態存在於我們內在，只要得到身體的邀請就可以顯露出來。這種邀請就是身體從裡到外的放鬆。內在的放鬆就是不去認同，主動進入一種不去介入觀察物件的被動狀態。一旦我們通過放棄「修復」的努力進入這樣的狀態，基本的良善就會浮現出來，主動成為人類生物機器的主人。這就是一種被動中產生的主動。這時，思考—感受複合系統就會進入被動的狀態。

這樣的結果就是基本的良善浮現出來，展現為人類生物機器的高等功能：仁慈、慷慨、寬恕、慈悲等等。我們需要做的唯一的事情就是看到和感覺到我們內在的真實狀態，而不帶評判或改變觀察物件的企圖。這也是我們在宇宙的創造藍圖中所要承擔的角色。

觀察來自於理智中心，是這個中心真正和根本的機能之一。記得自己、找到自己、把注意力投注在身體感覺上、不帶認同的觀察我們內在的矛盾，這些活動都需要理智中心的參與。它能夠記起要去引導注意力，並將其投注和保持在特定的物件上。觀察是理智中心的機能之一，這才是它應該做的事。我們必須訓練理智中心，讓它知道自己應該做什麼，只有這樣，它才能有效的服務於我們。而當下，理智中心是不務正業的，不必要的思考浪費了大量的能量。它為了保持自己喋喋不休和不斷評判的狀態，偷取了自我觀察所必需的能量，但它真正需要做的只是觀察而不介入。

同樣，感受來自於情感中心，是這個中心真正和根本的機能之一。當注意力被用於觀察我們內在的矛盾，由此帶來的衝擊會讓我們痛苦。這種自願的受苦可能會很強烈。我們只需要面對它，而不是用金錢、性、權力、名譽或毒品來轉移注意力。唯一的出路就是穿越。感受這種痛苦是情感中心的真正功能之一，並且能夠讓它瞭解自己在體內能量轉化系統中正確和恰當的位置。這種情感中心受苦時產生的能量會被轉化為一種更為高等和精微的能量，被身體用於自我觀察。同樣，這種能量也可以滋養高等中心，或者造物主。作為一個成熟的生命，我們的責任就是在得到滋養的同時去給予滋養，葛吉夫先生稱之為「相互維繫的法則」（the law of reciprocal maintenance）。這是人類生物體的一種高等機能，也是一個成熟靈魂的責任。

通過觀察，意圖會從理智中心升起。意圖本身做不了什麼，但它可以使理智中心專注，並喚醒它本來就有的智慧。通過感受，渴望*會從情感中心升起。渴望本身也做不了什麼，但它可以使情感中心專注，並喚醒一種「對感受的注意力」。現在，注意力從兩個中心同時升起。意圖和渴望加在一起，就有可能帶來真正的意志力以及「做」的能力。當這兩個中心與來自本能─運動中心的身體感覺結合在一起時，三個中心就可以和諧運作，我們就可以開始具有真正的意志力和「做」的能力。這時，目標會產生於我們的良心，並和三個中心聯合運作，我們就可以去創造自己的工作所需要的東西，建立一個可以指導行為的目標，穩步且以直線朝著目標前進，直到目標實現為止。這就是良心在一個成熟的靈魂或生命中的運作。

XII

作為一個身處人類生物機器中的存在，我們的任務並不重，但卻對整個宇宙系統至關緊要。我們需要去觀察和感受這個機器的機能而不介入，直到它恢復清醒，也就是所有的中心一起和諧運作。我們的任務就是不去介入、「修復」和評判。這理解起來容易，做起來卻很難。達到「無為」的狀態需要很多的努力。安住於你的本性，疲憊的旅人，不要再抗爭了。

那又怎樣？

你的狗消失了再也沒有回來
那又怎樣？
你的鄰居侵犯了你的財產
那又怎樣？
你的父母不愛你了
那又怎樣？
你將自己的伴侶和摯友捉姦在床
那又怎樣？
你的丈夫死於心臟病而且醫生說你只能再活三週
那又怎樣？
我們出生就是為了死亡
那又怎樣？
人類處於滅絕的邊緣
那又怎樣？
原子彈都掌握在瘋子手裡
那又怎樣？

一切如是

一切完全如是
所有的意義和痛苦都因好壞的評判而產生
這種評判專橫、主觀，基於比較而且毫無意義
你的反應強烈並全然反對
那又怎樣？

chapter

XIII

我是個虛偽的人

BECOMING A HYPOCRITE

愚者知愚，
彼即是智人。
愚人謂智，
實稱愚夫……
惡業未成熟，
愚人思如蜜；
惡業成熟時，
愚人必受苦。

——佛陀，《法句經》，第63、69偈

一個修習第四道體系的朋友最近寫信給我：「……我覺得自己像一個異常憤怒的虛偽之人……」她確實就是這個樣子。這是一個內在良心覺醒的信號。除非我們能夠改變，否則良心的痛苦將會折磨我們，讓我們難以承受。很多人都尋求各種方法來避免去「感受」到這種痛苦。通常他們會用五種方式來轉移注意力：金錢、性、權力、名譽或毒品（包括食物、基於恐懼的關係、購物、科技等各種能讓人上癮的東西）。當我感覺到良心的痛苦，這個人類哺乳動物機器要麼戰鬥，要麼逃跑。這就是為什麼在自我觀察的練習中會有這樣的指導：不要去改變觀察物件（即不要與之戰鬥）——這就是「觀察」——而是去「感受」它（即不逃跑）。

現在的我常常違背良心，非常虛偽。就是這樣。我必須面對這種感受。我必須去感受，而不是通過轉移注意力來逃開。我必須自願的受苦。那個寫信給我的朋友體會到了基於良心的痛苦感受，儘管她並不知道自己感受到的是什麼，以及這種感受為何如此難以承受。她可以從那種感受中逃開，但卻無法躲藏。她根本無處可藏。她的良心已經覺醒，她感到痛苦，她「觀察」到自己的虛偽。我自己也是如此。正在寫書指導你們練習的我，也因為自己的虛偽而痛苦。這種痛苦是獨一無二的，它是我勉強能夠承受的。這種來自造物主的痛苦感受中沒有評判與譴責，只有痛苦。如果我不加以糾正，痛苦就不會停止。無論這痛苦怎樣，都是我自己一手造成的。在我成長的某個階段，這種痛苦是難以忽略的。如果我不加以修正，就永遠無法安心。

良心神奇的地方在於：我只需要去「觀察」和「感受」，它會去完成內在的轉化工作。它此刻正在我的內在運作。作為一個生命，我可以見證它在我內在的運作。它會完成內在的變化，而不是由我來完成。我無法帶來改變，我只能去「觀察」和「感受」，這樣我就可以經歷自願的受苦，其餘的都會自行發生。

如果良心就是上帝——我無法舉出反例，也沒有理由去懷疑靈性的教導——那麼當我違背內在的良心，造物主就會痛苦，祂讓我感受到祂的痛苦。這是給予那些渴望工作、願意工作和自覺工作之人的一種獨特恩典。一扇門向我打開，讓我可以感受到我的行為對造物主的影響。想想這對於一個人來說會意味著什麼。

所以不要絕望，繼續去「觀察」和「感受」，繼續去覺察。聽從自己的良心吧，不要因為任何原因而違背它。它會使你轉化。你可以相信它，良心代表著一種法則，在任何情況下你都可以信任它。我喜歡那個朋友的虛偽，我瞭解它意味著什麼。但是在見識到一個又一個虛偽之人的過程中，看到別人的虛偽總比看到自己的要容易些。

就在今天，我到辦公室去寫詩。我告訴太太我兩個小時之內就回來。但是當我到了那裡時，電腦出了問題。問題比我預想的要複雜得多，我花了大半天的時間，可能有六、七個小時才解決問題。維修人員切斷了電話線，因而我無法打電話通知太太。我也一直都沒有到另一間辦公室或大廳去打電話。當我回到家時，太太很不安，既傷心又憤怒。但是她坐下來以一種很低的聲音跟我說話，希望我能考慮到她的感受，希望我能夠守信、可靠並考慮到他人。我開始防衛，覺得被冒犯，並找出一大堆理由為自己的行為辯解。就在我像個偽君子一樣為自己辯護和開脫時，我的良心讓我體會到一種沉靜而細微的哀傷感受。於是，我知道太太是對的，我很快就向她道歉。

她的反應是認為我沒有誠意。她只說對了一半。我確實沒有悔意，出了醜的我滿心只想防衛和報復。這是我內在一個熟悉的「我」，它很容易被冒犯、充滿敵意、冷酷、殘忍且報復心強。它對工作和他人都不尊重，只想要證明自己是對的並不讓自己吃虧。這是我當時內在的狀態。但同時我內在有一個目標，無論我感覺如何，情緒如何，我都想要做正確的事。自我觀察的練習才是正確的事，我以內在基本的良善為動力，即使我沒感覺時也要堅持。

我確實是真誠在道歉，即使那時我更想反擊而不想道歉。所以，我的觀點是：對於正確的事，即使在不想做時也要做。我用這種方法來對付自己的虛偽。這是另一種形式的「記得自己」：在某種情緒（這也是一個內在微小的「我」）中找到自己，放鬆身體，並且記得自己的目標。我太太想要溝通的意願激發了我對於工作的渴望，並促

XIII

使我付諸實施。這是一個很好的例子，另一個人的觀點和誠實的回應，幫助我以基本的良善為動力，更好的行事。如果她不這樣做，我會怎樣？我不知道，請不要問我。

更容易在鄰人眼裡看到樑木

一個很有天賦的靈性導師問我
是否願意和他的人一起
在小岩城完成一項簡單的工作

我覺得自己做得不錯
所以師父的嚴厲苛責讓我震驚
他說無論我幫助和鼓舞了多少人
我所做的都是一場災難

皆因我做事的態度有誤
成功運作之後我帶著自豪前來彙報
忽視了病人已經死亡的事實
我幫助他們看到自身注意力的脆弱
卻在需要溫和與溫順的時候顯得自大

為了錯誤的原因所做的正確之事
注定就像是錯過季節而開放的玫瑰

chapter

XIV

自願的受苦

VOLUNTARY SUFFERING

求道者要意識到自己的缺陷，但卻不認同於它們。他必須要通過頭腦的努力和良心的檢視，來控制自己的動物特性。

——E. J. 高德，《奉獻的喜悅：蘇菲之道的祕密》，第 118 頁

真正的痛苦與受到刺激產生的機械的痛苦不同，如果你想瞭解它，就開始練習不帶評判的自我觀察吧。這種經由不帶評判的自我觀察而升起的痛苦，在第四道體系中稱做「自願的受苦」。它之所以是自願的，是因為沒人可以強迫一個人觀察自己。這怎麼可能辦得到呢？我們必須自發的選擇不帶評判去觀察自己。一旦這樣做了，我們就會以一種新的方式受苦。這種痛苦會在我們的內在喚醒一種新的機能，第四道體系稱之為「良心」。如果我們充分發展這個機能，就會被稱做「重生」，或一個「新人」，我們與內在和外在世界的關係也將不同於以往。我們可以自願承擔起造物主的痛苦，減輕造物主的負擔。我們將能夠像《馬太福音》16：24暗示的那樣「背起他的十字架」。當一個人能夠通過自身的體驗而非他人的講述來理解工作時，他就能夠對福音書有種全新的理解。背負自己的十字架是喜悅的，但不是我們所熟知的那種喜悅。

我們在這裡探討可讓一個人從內心傷痛中恢復的方式。沒有人能躲避這種傷痛，沒有人，即使是耶穌自己也做不到，你覺得你能夠做到嗎？耶穌在基督教的傳統中示範了自願的受苦，這也被稱做有意識的受苦，因為一個人通過自我觀察的練習可以變得更加有意識。意識的第一個層面就是發展出自我意識。這也是自我觀察為我們帶來的結果，它使我們達到人性中有意識的層面，在這裡我們可以發展出自我意識。人性通常是無意識、機械、自動和慣性的，並具有哺乳動物的特性，沒有到達人類所應到達的高度。

自我意識覺醒的人，到達了這個高度的第一個層面。我們不再處於平常的人性層面，現在，一種新的痛苦進入了我們的生活，因為我們越來越清晰的觀察到內在分裂的自我以及散亂的特質，我們能感受到這種瘋狂的狀態對我們的影響。我們會因此而痛苦，而這痛苦正是人類生活的重要動力。在愉悅的狀態中，我們會變得無意識，只是維持現狀，但痛苦來臨時，我們會慣性的想遠離痛苦。痛苦會驅動我們去通過工作、付出努力和觀察到更多東西來穿越痛苦，找到喜悅。

自願的受苦來自在沒有緩衝器保護之下，觀察到分裂的自我所產生的恐懼。我們看到的不再是自己一直以來偽裝出來的樣子，而是自己的本來面目。我們不再自欺欺人的看待自己，作為自我觀察副產品的誠實和謙卑會在內在升起。在我們的內在，所有偉大宗教傳統所提倡的美德，都會以基本的良善為基礎開始覺醒。

自願的受苦會在我們的內在創造美德，但這種美德不是愛在酒館裡炫耀之人的那種自以為是。那種自以為是只會帶來最糟糕的行為、難以想像的恐慌、戰爭和各種暴力。具有自我意識的人具有一種寧靜的美德，它出自謙卑，所以不會顯得張揚。我們看到自己的本來面目，而不是去偽裝成其他樣子。就我自己來說，我看到自己愛說謊、好誇口、傲慢、自大、自滿、喜歡不勞而獲、愛騙人、貪得無厭、吝嗇、殘酷、麻木、愛慕虛榮、自以為是——我還需要繼續嗎？

你難道看不出我們其實都是一樣的嗎？我們都被自己的小我所驅動，這些東西構成了我們的小我。當我開始誠實而不帶評判的在內在看到這些真相時，自願的受苦就開始了。而這種受苦與一般的痛苦是不同的，它是轉化的，可以喚醒基本的良善、原本就有的智慧和良心。即使我的盲點是自我憎恨，並且不斷傳遞出「我不夠好」的訊息，這種讓我震撼和驚奇的基本的良善還是可以在我內在升起。無論小我創造出的地獄多麼陰暗，我還是可以具有這種基本的良善。

對我來說，這是一種恩典。我們的造物主就是良善、愛、意識和注意力。祂關注我的內在，因為祂就以自我的形式住在我的內在。祂就是注意力，就是注意力的來源。通過祂的恩典，謙卑才會升起。感謝上帝！謙卑是一種對痛苦的慰籍，它孕育了真正的良心，是一種真正的美。只有當我付出相應的代價之後，謙卑才會升起。它是基本的良善自然而然的流露，是耐心、不帶評判、誠實、真誠的自我觀察帶來的結果。你能否看到它的神奇或美妙？這種令人感歎的恩典拯救了像我這樣的痛苦之人。但這種「拯救」不是一勞永逸的，並不是我宣稱自己如何如何，然後無論做什麼都會永沐恩典。事情並不是我說的這樣。我以自願的受苦為代價才得到恩典，這種付出必須是持續的。

沒有什麼是需要「修復」的。我們只需要在一旁見證造物主的工作。一旦我在與造物主的關係中恢復適當的位置——成為一個見證者——造物主會去完成其餘的事。我的任務就是不帶評判的觀察，「無為」，並把其餘的事交給造物主。造物主既仁慈又善良，但是祂從不會因為任何原因而介入。祂不會採用任何強迫、固執或激進的方式。那些把自己的宗教強加給別人的人是無意識的，我自己就是這樣。但批判這類人是沒意義的，就像對自己一樣，安靜而耐心去感受他們的痛苦，不需張揚也不用抱怨。聰明的人不會只聽信言語，他會以事實為依據，去看一個人到底如何對待自己和他人。在具有自我意識的人身上，會發生世界上最不尋常的事——他的言行居然是一致的。自願的受苦在基督教傳統裡被稱為「十字架之路」。

因為愛而謙卑

你說你曾經有位父親
儘管你希望他是位王子
他卻只是個笨蛋
一個沒有常識的令人絕望的傻瓜
他的行為甚至會讓一隻野豬蒙羞

好吧，我就是這樣的人
一個怕被女兒們傷害的男人
像我這樣的男人寵愛著我們的孩子
儘管我們因無知而顫抖
在奉獻中顯得愚蠢和沒風度

但慢慢的我們心中的粗糙
會讓位於孩子們無畏的擁抱
就像荒原生出豐茂的草叢

儘管高傲的男人因為自大而跌跌撞撞
對他孩子的熱愛卻使他謙卑
這種謙卑反而使他高貴起來

chapter

XV

智慧的覺醒
——跳出舊有的思維模式

THE AWAKENING OF INTELLIGENCE
——*Thinking Outside the Box*

只要我能意識到自己失去了平衡，並且看到「我」無法使自己恢復平衡的狀態，我就能從這種失衡中獲得最大的幫助。讓我失衡的正是我的小我，如果我對恢復平衡的渴望來自於它，那麼我將會繼續處於失衡的狀態。我需要對此有一個全新的理解。「我」無法自行找到平衡，只要我執著於恢復平衡的渴望，失衡的狀態就會繼續。只有當我受夠了，無法再容忍這樣的狀況，某種全新的力量才會出現，讓我瞭解我到底需要做些什麼。

——蜜雪兒．迪．薩爾斯曼（Michel de Salzmann），在《思想的素材》（*Material for Thought*），第 14 期，第 12 ～ 13 頁

當我終於意識到自己不可能改變任何東西，內在就會出現智慧的覺醒。我身陷在一個圈中，一個不斷重複的迴圈中或者說一個侷限裡。我需要幫助，但卻無法找到跳出這個侷限的方法。我根本跳不出這個侷限，只要我思考，我就只能一直處於這個侷限裡。頭腦就是這個侷限，它是一台二元模式的電腦，這意味著它只能以一種方式思考，那將會是一連串的聯想：比較—對比、是—不是、黑—白、好—壞、好—惡。它只能一直以比較與聯想的方式思考。它是一台電腦，因此唯一的功能就是儲存過去已知的資訊。

我所說的「思考」，指的是頭腦的記憶機能，在檢視儲存為記憶的過往資訊。頭腦唯一的目的就是重複已有的內容並保持既有的模式。它只有思考這一個功能，沒有其他的用處。所以，它會試著讓我相信思考是我能做的最重要的事，如果我不能一直思考，我就會死去。一旦我確信思考的重要性，就會認同於它並被它控制。我們以頭腦為中心建立的社會和教育體系就反映了這種狀況。

我們無法找到跳出這個侷限的方法。我們所思考的上帝、無限或是任何東西都是一些在這個侷限裡面的概念。上帝就在這個侷限裡，無限就在這個侷限裡，任何你可以命名或思考的東西都在這個侷限裡。看看你是否能夠不用思考而把這個直覺內化到你的內在。你所知道的一切都在這個侷限裡面，而侷限以外的東西是未知的，那才是實相。

這其中包括了愛這種我們難以知曉、言表和理解的東西。我們為了方便起見稱之為愛，但這個名字不是它本身。我們為了方便起見為上帝命名，但這個名字也不是祂本身。偉大的導師耶穌說過「上帝就是愛」，但我們都知道這兩個名詞本身是荒謬和沒有意義的，它們只是一些詞語，而不是它們代表的事物。但是耶穌需要跟一些傻瓜講話，比如像我這樣無意識的幼稚之人，所以祂會用簡單清晰的語言來布道。祂講的也是第四道體系的教導讓我們去做的事情。耶穌把祂的教導化為簡單的詞語，以便讓我們這些幼稚的小傻瓜能夠理解我們在這裡應該做些什麼。

為了跳出這個侷限，我們必須開始以一種新的方式，而非依賴理智中心的運作，來瞭解這個宇宙。理智中心必須變得被動、警覺並具有接受性，必須保持「我不知道」，也就是無知的狀態。這就是智慧的覺醒。這聽起來有些自相矛盾：為了讓智慧覺醒，理智中心必須變得無知。看你是否能通過直覺來理解這一點。長期誠懇的自我觀察會帶來「我不知道」的狀態，只有這時，真正的智慧才能開始運作。在此之前我知道的一切，所有儲存在記憶裡的知識，都會阻撓智慧的運作。真正的智慧來自於身體之外，以直覺和靈感的方式出現。它們來自於高等中心，即高等理智中心和高等情感中心。

當頭腦安靜下來，並具有接受性——只要頭腦相信自己什麼都知道而一直喋喋不休，它就無法具有接受性——它就可以跳出侷限，以直接體驗的方式來探求實相，以直覺的方式來領悟實相，並以靈感的方式來表達實相。這些才是體現真正智慧的方式。我們的右腦只是個接收器，當它被調到高等頻率時，就能接收到來自高等中心的東西。當安靜的頭腦和平靜的心在一起和諧運作時，就能夠接收到智慧。我們需要達到「無為」的狀態，也就是說理智中心需要放棄那些機械的隨機聯想，情感中心需要放棄那些對於情緒的認同。冥想是達到上述狀態最為古老、科學和可靠的方法。不帶評判和介入的自我觀察是在行動中的冥想。由此，我就可以清晰辨別哪些是受到侷限的思維，哪些是對實相超越侷限的直接領悟。

我的智慧有賴於心、腦與高等中心之間建立起暢通的管道，這樣就可以接收到洞見。洞見並非來自於我，它只是被我接收到。每個人都可以接收到洞見，但需要付出相應的代價。這個代價就是放棄一切自以為知道的事情，跳入深淵，跳入未知。這是不合邏輯的，然而邏輯引領我至此，再也無法繼續引領我前進。邏輯會告訴我只有它才可以引領我走向正確的方向，那才是一個符合邏輯的方向。這就是邏輯，而它不是智慧。如果邏輯可以解決人類的問題，它幾千年前就應該能做到了。

在本書中，我曾經給了兩個關於瘋狂的定義，把它們放在一起時能夠更清晰描述我的情況：①不斷重複同樣的行為，卻期待不同的結果；②具有分裂的自我。現在我再加上第三個定義，那就是：③不相信客觀現實。那些被醫院確診的瘋子很明顯是不相信客觀現實的，而如果沒有對自己異常耐心、誠實和真誠的觀察，我們很難發現自己也有不相信客觀現實的問題。智慧知道什麼該相信，什麼不該相信。只有耐心而穩步的自我觀察，才能展現出我們內在值得相信的東西。我們所相信的頭腦是基於自身模式來感知客觀現實的，它只能看到那些能夠證明它既有模式的東西，而那是極少部分的印象，其他的印象統統被頭腦拒之門外。

當我們看到這個世界原本的荒謬之處，卻試圖去理解它或通過思考把它合理化時，我們肯定會發瘋，我們只需明白存在的都是合理的，而沒有必要去理解背後的原因或進行一些假設——這樣的思考會讓我們發瘋。而智慧不會去思考，它只會不帶預設、期望和評判去面對現實，接受現實的本來面目。然後，它會在直覺和靈感的引導下做出恰當的回應。它只會在有需要時採取行動，否則就不會介入。

思考無法解決我生活的問題，因為它本身就是問題的所在，但它不會把問題暴露出來。頭腦非常活躍，因為它要去完成它無法做到的事情——成為主人並掌控大局，這對它來說是不可能的。因此它會躲在幕後，並以不斷浮現的思緒為煙幕來創造出一個假象，即生活和現實都在我們的掌控之下。我們可以繼續像一個夢遊的機器人一樣過著慣性、機械和無意識的生活，像一隻循規蹈矩的哺乳動物一樣融入一群哺乳動物之中。我們可以繼續以同樣的方式做著同樣的事，而不用為自己思考。

當我使用「思考」這個詞時，我所指的不是通常意義上的思考，而是一種「高等」的思考，它在理解事物時不依靠線性的邏輯或理性。頭腦是無法真正理解事物的，它能做的只是命名，然後通過聯想把資訊儲存起來以備需要時調用。所以，我們遇到的問題是：頭腦到底有什麼實際的用處嗎？它絕對是有用的：①觀察；②解決當下的實際問題；③與他人溝通；④服務於注意力和智慧；⑤保持與心的協調一致。這就是頭腦的作用。當它發揮這些作用時是個非常有效的工具。思考—感受複合系統不應該占據統治地位。當我們讓它來做主時，它會在各個方面做出各種專橫和暴力的控制。它本應是高等中心忠實的僕人，本應是電腦中接收指令的裝置。如今電腦控制著我們的世界，這個事實足以讓我們反思，也說明了我們的頭腦是根據它自己的樣子創造了電腦。

我有張不同的清單

我的鄰居記錄著他的得失
但我卻在下雨時記錄雨點的數量

他數著硬幣和鈔票
而我卻觀察在土堆上的螞蟻

他在辦公室裡賺錢
我卻在蜜蜂中收集花蜜

他疲倦的回家開始上網
而我卻在後院裡飲酒

太太和我在濃濃的夜色中觀看
螢火蟲和群星的閃爍

等到我們消失
它們也都被夜色覆蓋了
而我的鄰居卻在電腦螢幕的亮光中
幻想著他未來的妻子

chapter

XVI

對本質的衝擊

BEING-SHOCK

當我們所受衝擊的強度大到一定程度時，我們就不得不承認神經質的那部分頭腦是死氣沉沉的，而致力於工作的那部分頭腦（the Work mind）則是生氣勃勃和自由自在的。在這樣的狀態下，你就可以繼續向前邁進了……

我們真的沒有意識到其實我們沒有選擇的餘地。我們完全被神經質的那部分頭腦所奴役：每一次呼吸、每一句話、每一個姿勢都是如此。如果我們以及我們的後代都依靠這樣的頭腦來生活，我們世世代代都將被奴役，我們沒有辦法。我們沒有選擇——我們無法獲得自由。我們也無法做出有意識的選擇。我們身體的姿勢也受到侷限。當我們看到這些時，我們會被因此產生的恐懼和反感所吞沒。於是，我們不得不選擇去聽從致力於工作的那部分頭腦。

——李．洛佐維克，摘自瑪麗．楊（Mary Young）《陰陽的本質》（*As It Is*），第156頁

只有強烈的衝擊才能穿透到素質的層面。這種衝擊是通過累積而引發的，需要長時間誠實而不帶評判的自我觀察才能實現。一次次的觀察就像不斷落在石頭上的水滴，如此累積的資訊最終會讓我意識到：在不斷呈現的理智、情感和身體習慣之外，我還有其他的可能；除了這種以恐懼為基礎的生活之外，我還有其他的可能。一旦我們的素質掌握了學習的方法，即純粹而穩定的觀察，它就會在這種修習中找到資糧的來源，來滿足對真理的饑渴。我們的素質渴望真理，我們只有用真實的東西持續的滋養素質，它才能得到營養並成長。思考—感受複合系統會指導我們，並影響我們在日常生活中的行為。看到這種狀況會給我們帶來真正的痛苦。信念系統、學來的知識、記憶中儲存的他人經驗形成了自我，我們是如此相信它，以至於沒有任何質疑的讓它控制著我們的生活。但我們不應該聽信自我，應該把直接的體驗當做我的老師。

記憶或頭腦告訴我們的訊息與直接體驗告訴我們的完全不同，這最終會讓我們去質疑所有的權威，尤其是思考—感受複合系統的權威地位。漸漸的，我們開始相信自己觀察到的現實，而非思考—感受複合系統告訴我們的現實。後者會否認我們基本的良善並創造出一個恐懼的世界，來支援需要安全和控制的假象。

無論是誰，只要身體放鬆，帶著真誠和對自己無情的坦誠練習自我觀察，同時不帶任何評判和改變的企圖，他遲早會體驗看到真相的恐懼。這一定會發生，規律就是如此，我的經驗也是如此。這就是我指的「對素質的衝擊」，它讓人難以承受。我看到我就是一個完全無助的奴隸，受制於我的心理模式，這種情況很難改變。唯一能改變的就是我與觀察物件的關係，我需要不去認同觀察物件。

從童年開始，我的習慣、模式就不斷在我的內在無情運作，從來不顧及它們給我的生活、關係和幸福帶來的影響。它們永遠不會完結，也不會改變和停止。它們自己無法停下來，必須有其他的東西讓它們停下來。真實的看見這一切是令人恐懼的，但這種恐懼會把我的素質從沉睡狀態中喚醒。我的素質從孩童時代就被生活所吞沒，並一直處於沉睡的狀態。作為一個孩子，我被迫去認同於一個對現實的解釋，儘管它與我所感受和感覺到的東西，以及我通過直覺瞭解的東西都是矛盾的。那時如果我不去認同，就意味著失去愛。

而現在，經過多年的自我觀察，我在這個改變生命的關鍵點上意識到：如果我無法為自己的生命、思緒、情緒、習慣以及這個人類生物機器的運轉負起責任，我將會一直認同於我的瘋狂，直到生命終結都會被它奴役。我將會過著動物般的生活，像一隻狗一樣死去。我必須終止這種狀態，但很明顯我的思考—感受複合系統是不會停止的。只有在我死去，像一隻「冷凍的火雞」一樣時，它才會停止。

習慣就像一卷磁帶，無止境的在思考—感受複合系統裡播放。思考—感受複合系統用它來捕獲和消耗注意力，以便得到滋養，從而維繫這個系統的生存。如果我不去認同，這個系統就無法持續播放磁帶，無法啟動預設的模式。記憶功能，或者稱作思考者或左腦，是一個電子化學的電腦系統，會按照預設重複它的模式。就這麼簡單。它整個的存在都構建在一個目標之上，即維繫、保存和重複它的模式。在這個系統中我唯一能改變的就是我與它的關係，也就是不認同於它的模式或我的盲點（我的盲點是自我憎恨）。我可以停止認同。這是一個有意識的由本質做出的選擇。唯一的「進步」就是在模式啟動時觀察和感覺到它，也就是不帶評判和認同的觀察。當我看夠了，我就會開始理解這個系統永遠不會自行改變，它一直到進墳墓之前，都會一直重複它的模式並消耗注意力。

當我不僅用理智理解這一點，而且讓情感中心也理解時，我就可以觀察到這個系統，並且深深感覺到它，感覺到它帶給我的恐懼以及這種恐懼對我的衝擊。在這樣的情況下，「對素質的衝擊」就會發生，我那沉睡而無意識的素質就會被喚醒，進而去發揮它應有的作用，擔負起它對於我的學習和生命的責任。只要我無法意識到自己素質的存在，我就無法看到是什麼在消耗它。如果我能看到，我就不再認同於消耗它的東西。但在瞭解到我不是我觀察的模式之前，我必須先看到它一萬次，甚至更多。

看到這些模式，就是智慧的覺醒。

對素質的衝擊不是一個單純的改變，它是一種向更高存在層面——向另一種實相——的邁進。它是一種實質的改變。這時，工作占據了主導地位，而心理模式和身體機能，尤其是思考—感受複合系統，則處於被動和服務的狀態。當工作占據了主導地位，基本的良善就會出現，美德就會產生，一個人也就能夠承擔起馴服和訓練自己哺乳動物身體的責任。此前，這個責任都是由大師或導師來承擔的。對素質的衝擊只有在內在的智慧和良心都被喚醒時才會發生。當我能夠清楚看到我需要什麼時，我就知道要如何去做，並且能做出明智的選擇。當良心覺醒後，我就能深刻感覺到恐懼對我的衝擊。我不再麻木。當良心痛苦到極限時，恐懼的衝擊就可以喚醒素質。這就是轉化。

當這樣的情況發生時，我就會變成前後一致和可以信賴的人，因為主導我的不再是我的習慣，而是對當下真正需要的覺察。我開始能夠以適當的方式行動，不再表達不恰當的情緒。現在，掌控情緒和身體的機能是可能的，因為思考—感受複合系統已經由統治者轉化為順從的僕人，不必要的思緒不再控制我的頭腦。這在薩滿傳統中稱為「讓世界停止」。

這種對素質轉化的衝擊美妙之處在於，由此顯現出的素質是單純的，而非複雜、狡猾和世故的；它是個統一的整體，而非分裂的。它相信真相，因為它就是真實的。它不會無止境去重複同樣老舊而無用的模式或習慣，它只是活在當下，在當下有效運作。這才是人類的素質，它不再是瘋狂的。

簡單生活，不需要呼叫等待

沒有手機，沒有來電顯示，沒有未接來電
沒有有線電視，沒有 Tivo 數位錄影機，沒有電腦
沒有 IPod，沒有黑莓機，沒有平板電腦
沒有筆記型電腦，沒有乘坐式除草機，沒有吹葉機
沒有割草機，沒有電子鐘，沒有空調，沒有新車
我活在另一個國度，另一個世紀

我騎著我的三段變速單車去工作
因為它可以幫助地球
還可以讓身體在老去的過程中放鬆下來
它讓身體劇烈運動
身體本來就喜歡運動，喜歡出汗
而那些大量湧現的讓人省力的技術
其功能只是讓我們的生命力枯竭

我用手在記事本上寫作
因為我想看到自己的印記
就像在雪中可以跟隨足跡回到出發點一樣
我想看到思路如何在紙上展開
看到哪裡出了錯
看到如何再度開始
一切都不會被刪除

我不想知道誰打電話給我
我活了六十五年
從未接過一通對我有重要影響的電話
你通過電話找到我，很好
沒找到，也不會失去什麼
大多數人都是奴隸

而他們喜歡這樣

經過那些心碎和失望的歲月
經過那些詐欺和背叛的歲月
你還相信下一個打來電話的人
會是你的救世主嗎？

當死亡來臨時
你無法說
等一下好嗎？
電話那頭還有人等著呢

chapter

XVII

模式的轉換
── 無為

THE SHIFT IN CONTEXT
──*Not-Doing*

工作的目的是為我們帶來內在自由。只有一個途徑能給我們帶來內在自由，那就是選擇致力於工作的頭腦，而非神經質的部分。這必須是一個有意識的選擇，只有一個辦法可以讓我們做出完全有意識的選擇，那就是完整看到神經質那部分的頭腦，看到它是死氣沉沉的，看到它的本來面目──完全空虛，沒有潛力和創造力，缺乏真實的人類情感，沒心沒肺，只有它自己機械的求生欲望。這就是它。我們只有看到我們的生活、我們對父母的愛、對性的饑渴、對美食的嚮往、對優美音樂的熱愛等這一切都是虛無的，絕對的虛無，都受制於機械而死氣沉沉的神經質頭腦，才會選擇去工作。

──李．洛佐維克，摘自瑪麗．楊《陰陽的本質》，第 157 頁

……孩子的頭腦……會基於一個孩子的智商、理解、期望和投射來決定他對世界和實相的看法。我們都知道，頭腦的成長意味著它變得強大，進而控制我們。我們認同於它，覺得它就是我們自己。在工作中，我們遲早要與頭腦徹底而清晰的劃清界線……包括它所有的組成部分，所有的認同、希望、夢想、渴望和道德觀……我們要與這個頭腦完全劃清界限。我們的行動必須完全跳出頭腦既有模式的限制。

──李．洛佐維克，摘自瑪麗．楊《陰陽的本質》，第 155 頁

思考—感受複合系統對我們的控制離不開持續的思緒，打斷持續的思緒就會打斷評判，進而停止這種控制。打斷持續的思維會帶來「模式的轉換」。我們不再以別人定義的真相為基礎去生活，而是以實相本身為基礎。我們完全是基於事物的本來面目，而非思考—感受複合系統提供給我們的意義來生活。這意味著不帶改變企圖去接受實相，意味著完全的不介入。我們從當下直接的體驗中提取資訊，而不再依靠記憶中的過往經驗和由過去投射出的所謂的未來。我們活在未知中，或者說本源的無知狀態，這樣做是明智的，因為我們可以不受記憶的干擾，與智慧的本源連接。

頭腦對於記住東西、解決實際問題和與他人溝通是有用的。所以，它不需要被摒棄，只需要找到它適當的位置，這樣它就不會再做統治者，而只是去實現原本應有的機能：臣服於自身之外的一股力量，做一個忠誠的僕人。這股力量就是本質。本質只要停止對思考—感受複合系統的認同，就會成為一個活躍的主人。在這個階段，當頭腦開始思考時，內在並不會有緊抓或排斥思緒的活動，這些都是認同方式。相反的，思緒升起時，我的內在會有一種持續的平衡、沉靜，而不會有任何的活動。在薩滿傳統中，這種停止緊抓或排斥思緒的活動就稱為「無為」。

這種活動的停止會給造物主發送一個直接的訊號，這在古老的傳統中稱為「邀請」（The Invitation）。只有受到主動邀請，才會有訊息流從高等中心——也就是智慧的本源——進入我們。有些人說這些高等中心在人類身體的外面，與身體保持著直接的連接，但我對此並不確定。我可以比較確信的是這些中心通過良心與我們直接連結。良心是在情感中心轉化為感受中心後出現的，它從各個中心接收到的訊息是以直覺和靈感為形式的。直覺是高等理智中心的思維，它可以同時看到一切，看到整個情況，無論是過去、現在還是未來。它提供的訊息會涉及未知的範疇。而頭腦只能基於已知來運作，它無法知曉從未發生過的事，所以只能基於過往的記憶來運作。頭腦就是由過去構成的。這就是思維的侷限之處。

直覺在一個不同的層面運作，來自一個完全不同的模式。靈感也一樣，它是一種不同形式的感受，實際上它是一種感受而不是情緒。瞭解這二者的區別很重要——看看你能否通過直覺而非頭腦來瞭解這個問題。情緒是有侷限的，因為它的運作只是侷限於衡量環境中的危險。情緒包括憤怒、悲傷、喜悅、恐懼等，它們都存在於情感中心之內。憤怒和恐懼與狂怒和恐怖不同，後兩種情緒存在於本能中心裡，它們構成了求生本能，憤怒和恐懼只是這兩種原始情緒的影子。

當情感中心得到轉化，它就變為感受中心，成為承載良心的地方。這樣它就成為連接高等情感中心的管道。我更喜歡把高等情感中心稱為高等感受中心（higher feeling center）。這樣會更容易讓人明白它與情感中心的區別。靈感會即刻讓我們看到整體的狀況，而不會像來自頭腦的思緒那樣以線性的方式一步步運作，提供給我們分散和階段的資訊。靈感的運作像一個閉合的圓，而非一條直線。

頭腦只能基於已知來運作或「思考」，而直覺和靈感的運作則是基於未知的，是未知的體現，因而能夠提供思維完全接觸不到的資訊。人類歷史上有很多偉大的發明、洞見和發現都是在「靈光乍現」時產生的。在這樣的時刻，人們能夠清晰看到事物的全貌。靈感通常體現為一個形象或圖像。所以當「DNA之父」弗朗西斯·克里克（Francis Crick）看到兩條互相纏繞的蛇時，有了DNA雙螺旋結構的靈感；當愛因斯坦看到自己乘坐太空船以光速旅行時，他有了相對論的靈感。

這樣思考—感受複合系統就可以展現出美妙的一面，它不再是敵人也不再胡作非為，只是去發揮預先設計好的功能，就像電腦一樣。當模式發生變化，思考—感受複合系統的功能就會轉變，它會把從直覺和靈感接收到的訊息，詮釋為可與他人分享的語言或形象並散播出去。《新約》、《法句經》、《薄迦梵歌》、《道德經》都是作者從直覺和靈感接收的訊息，他們把這些訊息詮釋為他人能夠理解和傳播的語言並散播。但是，很顯然，這些作者瞭解語言的侷限。老子在《道德經》一開始就警告我們：「道可道，非常道。名可名，非常名。無名天地之始。」（《道德經》第一篇）

老子就是在描述這種模式的變化，並且同時告誡我們不要被語言所迷惑，對於通過語言所獲得的知識一定要有直接的體驗。儘管這些忠告是有益而可貴的，但我們仍舊需要自己設法去發現真相。我們必須通過直接的體驗來驗證別人告訴我們的東西。而對此最為便捷和直接的體驗就來自於自我觀察。這種練習會自然而然讓模式的轉變發生，因為它會逐漸將思考—感受複合系統中被置入的缺陷顯現出來。這些缺陷就是一種瘋狂的狀態，包括不必要的思緒、與不必要的身體緊張伴生的不恰當情緒，以及慣性模式得出的毫無用處的解決方案。這些慣性模式是基於既有的精神（頭腦）及神經（中樞神經系統）反應模式形成的。我們為什麼要如此反應呢？這並不重要，關鍵是意識到我們當下的任務，理解它，接受它，並且通過把注意力專注在身體上而回到當下的任務。

當我們精疲力竭、近於崩潰，並且開始絕望時，我們才會考慮去轉變哪些決定我們人生觀和世界觀的模式。這種轉變會直接深入到我們的缺陷。最終，我們的注意力必須回到內在，即專注在身體上和身體內。這樣注意力才可以找到它本來的位置和正確的功能。這時，我才能開始做無為的練習。

我們都是受到損傷的機器，這損傷來自於我們的童年、我們的人生經驗，以及我們的照顧者給我們思考—感受複合系統設置的模式。我們接受的教育讓我們以這些設定好的方式來看待這個世界，我們看到的內容就是模式的反映。這是一種極為狹隘的世界觀，它是以恐懼為基礎的。如果我們想要過更為充實、圓滿和愜意的生活，這種看待自己和生活的模式就必須轉變。

要想獲得這種模式的轉變，我們就需要以一種更為有意識的方式來理解和瞭解自己。這種方式不是習慣的、機械的和自動的，而是帶著慈悲和客觀性。客觀性指的是誠實看待自己，清晰瞭解和理解自己，願意對自己的所見所感成熟的負起全部責任。自我觀察可以為此提供所需的關鍵資訊。如果沒有這些資訊，任何我們為改變所做的努力都會像盲人摸象一樣盲目和以偏概全，那樣的努力注定是無效的。如果我們可以看到和感覺到自己的習慣，就有機會不受制於它們；如果我們不願意看到它們，就沒有任何的選擇餘地。

帶著慈悲的自我觀察意味著停止評判自己，只是去看、去感受當下在內在升起的任何東西。我每次都會墮入評判的陷阱，而評判對我沒有任何好處，也沒有任何用處。評判是嚴厲而死板的，沒有任何的慈悲，只會讓我們陷入無休止的作用—反作用迴圈之中。除非有第三股力量進入這個迴圈，它才會發生實質的改變。這第三股力量

XVII

就是自我觀察，它的發生就已經是實質的改變了。其他的變化會隨之而來，就像金屬屑被磁鐵吸引一樣。自我觀察會吸引來幫助，它是宇宙中一股重要的吸引力。它可以讓我們在應對思考—感受複合系統時更加有效率和客觀。它就是我們的救星。這時，意識會逐漸覺察到自身，我們也學會了如何在學習和創造中給自己帶來最小的傷害。這就是在成長過程中產生的客觀的愛。

通常最大的幫助就是什麼都不做

我錯過了一些為導師提供幫助的機會
這些機會很明顯
有一次是他直接提出的要求
所以我會祈禱要成為對他有些用處的人
哪怕是些微小的看起來無足輕重的用處

就像我頭腦中想像過的任何事一樣
這件事也不是按照我的設想展開的
因為我喜歡她甜美的聲音
以及她朗誦李大師為她所寫詩歌時的聲調
我於是開始寫失戀的詩歌，寫傷感的詩歌給她

寫出來的東西沒什麼分量
但我拿給李大師看
告訴他我想要做的事
他說寫詩能給我帶來真正的快樂
而這樣的事為數不多
他就說了這麼多

他沒說讓我停止
也沒說這樣會搶奪了他為數不多的樂趣
沒有請求，沒有辯解，沒有藉口
但在那個時刻我看到了自己的機會
也就是我所祈禱的事

沒有一絲遺憾和自憐
我再也沒寫一首詩歌

chapter

XVIII

在茂密草叢中的鹿

THE DEER IN THE TALL GRASS

為了從聯想的層面剝離出來，我們必須要連接到更加精微的能量。我們頭腦的高等部分充滿了精微的能量——那裡只有沉默，沒有語言，也沒有掙扎。
當我把對自身的感覺與更加精微的能量連接，這些能量就會聚集起來。這種聚集的能量只能用在我的內在世界，外在世界不需要它。
經過一個漫長的過程，我能夠保留一些這種精微的能量。我收集它們，並試著不讓它們外流，這樣它們就能夠結晶並且不會再與粗糙的能量混雜在一起。這個過程很緩慢，需要耐心。而這是改變重心的唯一途徑。

——海莉薇・拉納（Henriette Lannes），《問題的內在》（*Inside A Question*），第 201 頁

就像上文描述的那樣，我緩慢、自然、柔和而耐心的開始了一種能夠帶來全新狀態的練習。這意味著我的掙扎和練習就是時時刻刻活在當下的身體裡，在記起時回到身體裡，無論是白天還是夜裡（這種情況偶爾在睡夢中也會發生，有時這種狀態會把我喚醒，就像昨天淩晨四點，我得到了一些訊息，必須起床記下來以免過後會遺忘掉）。這就是靈感。這是高等理智中心與我們的溝通。這種溝通迅速而清晰。我相信你知道這種記得自己、回到身體的舒適體驗。

以下是我對如何加強這個練習所給的建議：當你閱讀這本書或是任何其他書籍（尤其是談論智慧的書籍）時，請保持脊柱挺直，雙腳平放於地上，這會有助於你保持某種程度的自我觀察和記得自己。為了全然去感覺內在的臨在或本質，我們需要將注意力集中在身體的感覺（本能中心）上。在這裡注意力可以找到定錨點並生根，感覺到內在的臨在，我稱此為「全然臨在的練習」。我會傾向於把注意力放在前額或頭頂，其他的學校會根據它們特殊的教學目的而教導學員把注意力放在肚臍、太陽神經叢或心口的位置上。聖人奎師那這樣教導弟子阿朱那（Arjuna）：「那些離開身體時心靈安定、充滿虔誠的人，可以通過冥想的力量在眉心聚集全部的生命力，達到至高無上的境界。」

但是，很可能除了肚臍（本能中心所在的位置），我們其他的中心都被汙染了。位於前額的眉心輪和頭頂的頂輪，本來是清明和客觀的，可以讓我們有效而敏銳的工作，並且在能量—印象（這就是從上天不斷流下的生命能量，它從頭頂進入人體，在內部迴圈，那些被汙染的中心會為了自身的利益去捕獲和消耗這些生命能量）進入的時候留住它們。這兩個中心可以做出客觀的評估，在這裡警覺的注意力是穩定和完全靜止的，會吸收這些能量，既不會向它們撲過去，也不會逃開。這是一種不去選擇的覺知和不認同。一旦其他被汙染的中心得到清理，它們也可以具有這種客觀的覺察。這樣，不斷流入的能量就能夠被有效的利用。

於是，我們不會再因為認同而去為那些汙染添加能量。它們會被包容，被創造性的利用，而不是被評判、詛咒和打擊。它們不會再被用於演出心理—情緒的戲劇，而是成為一個有用的「內在提醒裝置」，說明我們來堅持自己的目標：達到純淨、清明的狀態，持續練習自我觀察和放鬆身體。這樣，一個沒有評判的「安全」地帶就在內在建立起來，在這裡汙染物會得到包容和接納，而不會去影響整個身體。當我們對內在的汙染物不加評判並且給予相應的空間，它就會逐漸淨化。

一個放鬆的身體是沒有汙染的。每一種汙染，無論它的種類或內容是什麼，都會在身體內製造緊張。哪裡有這種緊張，流動的能量就會停滯在哪裡，並且被思考—感受複合系統所捕獲和消耗。於是，身體裡能量的流動就會受到嚴重的影響，汙染也會因此得到所需的滋養，而本質會因缺少所需的食物而饑餓。當本質挨餓時，汙染就會成長。

在做全然臨在的練習時，經由不帶評判和改變企圖的觀察，汙染反而成為了本質的食物。就像殼中的小雞靠蛋黃這一營養來源存活一樣，本質也需要小我的滋養，這些汙染就是小我。逐漸的，小我（即汙染）被消耗了，剩下的只有不被小我遮蔽、不被習慣汙染的本質。

要讓這種過程自然而然的發生，我的注意力就需要在能量—印象流入頂輪（在頭的頂端）的時候保持穩定（不認同）的狀態。此時任何的內在活動都是一種認同，那樣，注意力就會被捕獲和消耗。此時的注意力就好像是在茂密草叢中躲避獵人的鹿一樣，它保持靜止，躲在茂密的草叢中一動不動。由於鹿沒有暴露牠的位置，獵人只好去尋找下一個獵物。

當小我通過思緒、情緒和身體的姿勢撒下它的大網，注意力必須像草叢中的鹿一樣，保持姿勢安住在對身體的感覺上，不去介入，不向前衝也不逃跑。這樣小我就沒辦法為了自己的目的而捕獲和消耗注意力，於是各種微不足道的「我」升起而後消退，卻無法影響我。我的注意力不認同於它們，它們就會變得脆弱。它們自身是沒有力量的，必須捕獲注意力的能量才能行動。如果鹿沒有暴露出牠的位置，獵人只好去尋覓新的獵物。

處於不認同狀態的注意力被有些學校稱為「自由的注意力」，這是我內心最深處的渴望。「自由的注意力」沒有被汙染，不會去認同於任何東西。它有選擇的自由，有保持靜止的自由。《詩篇》46：10中寫道：「你們要休息，要知道我是上帝！」安靜下來去瞭解，否則你就會像一隻狗一樣死去。這是我們要做出的選擇。如果我們把呼吸帶到肚臍，放鬆我們的身體，不去介入進來的能量—印象，身體就可以行使它的高等功能——成為「能量轉化裝置」（E．J．高德先生的說法）。它可以把進來的印象—能量轉化為品質更精微的能量，這樣這些能量就能夠被用來滋養造物主而非小我。

比方說別人傷害了我的感情，引發了我的求生本能，即戰鬥或逃跑，這個簡單的（但並不容易的）練習就是不去試圖改變習慣——這是評判的結果，不評判就不會有改變的企圖——而只是在內在給予它空間，讓求生本能可以有空間來進行自然、生物和遺傳的預設反應，無論他人為什麼傷害我。這樣，就不會有對抗的努力，於是身體裡也就沒有不必要的緊張。這時，我會通過努力來得到客觀的注意力，並且對傷害我的人（他是出於對愛的恐懼，跟我一樣）做出平靜、理性和善意的反應。

這樣，我的汙染就成為了我的盟友，它成為了我「內在的提醒裝置」，並且可以立刻幫我達到我內在的目標：有意識的注意力、善意、大方、寬恕、精進。戰或逃的反應提醒我要善良和寬恕，它喚醒了我有意識的注意力。所以我不會把它當做敵人（試圖改變它，與它對抗），而是把它轉化為內在工作的盟友和夥伴。我的內在不再有瘋狂的爭鬥，只有合作、各中心之間的溝通，以及這個人類生物機器內在和諧的運作——為了愛，也為了他人的利益。這就是無私的愛，客觀的愛，它不依賴於我們的感受而存在。

雖然平常我們也會有愛的感覺，但受到傷害時愛就不在了。然而這種客觀的愛的產生，完全取決於我們的投入程度和練習狀況，它是穩定和持續的，不再受制於情緒。情緒就像是在茂密草叢中搜尋鹿的獵人，如果鹿保持靜止不動，獵人就只能繼續前行。你只要不去認同那些不屬於自己本質的東西，獵人就無從下手，你的痛苦也會終結。

愛不是一種感覺

愛不是一種感覺
它是銘刻在石頭上的誓言
但相信感覺會讓我們陷入一次次的失敗
最終我們會變得孤獨、心碎和憤世嫉俗

愛不是一種感覺
它是一種可靠的日常工作
無論我感覺到什麼
我都不會隱瞞
而是讓它呈現

她可能像仙人掌一樣棘手
看起來並不悅目
對她的感覺可能是厭惡

也可能她是最可愛的
對她的感覺可能是渴望

無論厭惡還是愛慕
這二者都會化為塵土

而對於工作的承諾卻是篤定的
無論我是否感覺準備好了
這承諾都不會受到影響

chapter

XIX

良心的覺醒
── 背負自己的十字架

THE AWAKENING OF CONSCIENCE
──*Carrying My Own Cross*

良心有賴於對客觀受苦的理解。
作為一個成熟的人，至少我們可以不帶憤怒，容忍承受他人帶給我們的不快行為，不採取任何報復措施，且慈悲看待這些個性壓倒了本質的人。

──E. J. 高德，《奉獻的喜悅：蘇菲之道的祕密》，第 99 頁

教會我如何感受他人的痛苦，
教會我如何忽視他人的過錯。
我展現給其他人的悲憫，
也會被展現在我的身上。

──亞歷山大・波普（Alexander Pope, 1688-1744）

我們首先要理解：不帶評判、不試圖改變觀察物件的自我觀察，是一條喚醒良心的道路。如果我持續而坦誠的觀察夠久時間，良心就會在我的內在覺醒。這是自然而然的，也是無可避免的。這種覺醒是坦誠的自我觀察帶來的副產品。

一旦良心在我的內在被喚醒，我就會感受到那痛苦，因為現在我就會知道真正有意識（自願）的受苦是什麼，我的痛苦也就會具有一種我前所未有的新境界。我會故意、無情、盲目而又殘酷的反對那平靜和細微的感受，也就是良心（稱良心為一種聲音容易誤導人，因為良心不會講話，它是一種感受，這也是為什麼它會痛苦的原因）。良心永遠不會強迫自己，也不具有攻擊、執著、侵略、暴力、批判和評判，它被違背時只會發出痛苦的顫動。除非我改變自己的方式，糾正自己的錯誤，否則它會一直發出一種感受層面的痛苦顫動。

一旦我內在的良心覺醒，每次違背時都會痛苦。這種痛苦屬於一個我所不熟悉的更高等的嶄新層面。這種痛苦是難以承受和難以忽略的。良心不會去要求或譴責，它只會深深痛苦。

我們的練習以兩種方式對待痛苦：看到它和感覺它。就這麼簡單。不需要在內在做任何改變，我只是看到和感覺自己違背了良心。這並不意味著我在外在不去糾正自己的錯誤。我會的，而且我糾正得越迅速，我的痛苦就減輕得越快。在這之後留下的是良心因我的行為所必須承受的傷痛。這在一些古老的學校中稱為「愛的傷痛」，在密傳基督教（esoteric Christianity）中稱為「背負自己的十字架」。這意味著我不再需要上帝或導師作為我外在的良心，因我的錯誤而痛苦。我內在的良心已經覺醒，我可以看到自己的錯誤並加以糾正，我會為這些錯誤而痛苦，並信任內在良心的指引。這就是對實相的信任。我由此開始恢復清醒的狀態。

良心是什麼？大師們認為良心是與造物主的心和腦進行的直接溝通；密傳基督教認為良心與高等理智及情感中心有著直線的連接，而高等理智及情感中心是根植於本源（Source）或造物主的。我的經驗驗證了這些觀點。其他一些古老的學校也告訴我們良心就是上帝，我的體驗讓我無法對此提出質疑。還有些人說良心就是聖靈，或是覺醒的靈魂、覺醒的自我。有些密傳基督教也稱此為「基督升天」，還有些大師把良心的覺醒稱為「意識的覺醒」。

無論你如何理解這種現象，每一個工作的人都會遇到。覺醒的良心是我們內在值得信任的東西，我們在任何事情上都絕對可以相信它。良心不會撒謊，蘇菲教（Sufis）稱為內在的真正朋友。它能夠為我們提供真正的幫助和路上的指引，這是造物主對每一個靈魂能走上與本源合一的旅途所給予的幫助。

持續練習不帶評判與企圖改變的自我觀察，良心自然就會升起。我必須從我的內在和外在去觀察和感覺自己的行為。「渴望」和「意圖」在一起就可以喚醒良心。逐漸的，在「渴望」和「意圖」的結合之下良心就會升起，而從中會產生出目標。真正的目標來自於良心。

當我們有了「目標」，就會找到盟友。我們內在每時每刻升起的慣性動力就與我們的目標有關。它們可以被轉換成「內在的提醒裝置」來讓我們記得自己的目標。它們可以從弱點、缺陷被轉化為工作的忠實僕人。它們可以被帶入我們內在的工作系統＊。我們不再與它們抗爭或改變它們，它們本身其實就可以服務於我們的目標，給予我們協助。它們可以滋養良心，讓良心發展，成長和成熟。在薩滿的傳統中，那些令人厭惡的、不幸的以及恐怖的東西都是我們強而有力的盟友。這個比喻也可以說明我們最核心的缺陷或盲點對我們的意義。在薩滿的傳統中，能夠獲取這種盟友的力量並讓它服務於我們的工作，是一項了不起的技巧，也是一個神奇的途徑。自我觀察就是這樣的一個工具。

實際上，所有教導我們要去評判和對抗這些「缺陷」或「弱點」的體系都是錯誤的。每一個你遇到的人無一例外都有著各種「缺陷」，而這是造物主給予我們的禮物。為什麼呢？很簡單，它們可以幫助我們喚醒良心。沒有它們，我們將不會珍視我們的良心提供給我們的東西，不會發展出一種內在的「渴望」或一種內在的「意圖」，我們的內在也不會有力量來支持轉化。這些「缺陷」是禮物，而不是真正的缺陷。能量就儲存於它們之中，等待被釋放出來。我們通過最簡單的練習就可以釋放這些能量，即觀察和感覺這些「缺陷」對我們和我們所愛的人造成的影響。

良心的芥籽是造物主的心和腦的最細微蹤跡，即使是這樣一顆良心芥籽也可以成為人類生物機器中最強大的力量。你想要奇蹟嗎？你為了活在奇蹟中願意付出什麼代價呢？你需要付出才有收穫。自願的受苦是我們唯一可以付出的東西，它是我錢包中最珍貴的硬幣，所以當《新約》教導我們一個商人（工作者）「遇見一顆重價的珠子（良心），就去變賣他一切所有的（他的小我以及小我的目標）」，它指的就是這個意思。只有一個絕望的人，一個因「恐怖的情況」受苦多年的人，才會在造物主面前放棄他所有的東西來換回一顆芥籽，也就是那顆「寶珠」。你明白了嗎？

良心是造物主在我們內在的體現，是連接造物主的心和腦的直接管道。所以當我們違背了良心，我們感覺到的是造物主的痛苦，那是我們的行為造成的直接後果。

造物主沒有任何怨言的背負著我們的行為及其造成的痛苦，只有我們為自己的思緒、情緒、言語及行為負起責任，這種痛苦才會帶來收穫。作為造物主痛苦的根源，我們開始覺得不舒服了。就是這樣。於是，當我們有所偏離的時候，我們會立即採取行動以保持清醒的良心。

停止違背良心展現了「背負自己的十字架」這句話更深層的含義。我們不再讓造物主因我們的罪（唯一的罪就是違背良心）而受苦，我們成為負責任的生命。我們會依照良心去行事，以避免讓我們的造物主受苦，避免產生那種可怕的和難以承受的痛苦感覺。這時，為了避免這種感覺帶來的後果，我們會去做任何事情，包括成長，為自己的生活負起責任，不去責備他人，不讓他人因我的麻木、不安和幼稚受苦。這時，我就不再只是一隻哺乳動物，而成為真正的人。

當我們讓造物主去承受痛苦時，我們內在產生的那份感受稱為「良心的懊悔」。這種懊悔是來自上天的一份禮物，會將我們轉化。我們已經看到它，體驗到它。懊悔是一種轉化的媒介，由良心帶入我們的內在。

這裡有一個祕密，它埋在書中，只有讀到此處的讀者才能發現。這是一個工作的方法，它可以滋養良心，幫助它成長。只有那些成熟到一定程度、良心開始覺醒的靈魂才會對此有需求，並且體會到這個方法能夠帶給我們的價值。這是一個高階的成熟的工作方式，它對我們有著很高的要求，會產生不同層面的痛苦，但會帶來全新層次的收穫。我們的收穫是一種完全不同的人際關係狀態，一種內在和外在全新層面的信任。你會對這種練習感興趣嗎？下面就是對這個練習的陳述：

毫無怨言的承受他人令你不快的表現；忍受他人的錯誤並給予友善的回應，希望別人怎樣對待自己就怎樣對待別人，別人打你右臉，你就轉過左臉讓他打。

也許你能夠看出為什麼這是一個高階的練習，它只有在良心的幫助下才能夠做到。這個練習對於日常生活中的人來說是無法想像的，他們甚至想不出這樣做能帶來什麼好處。

但你閱讀這本書到這裡，也許可以感覺到無論是對於成長中的靈魂還是對於他周圍的關係，這個高階練習都有著深刻的意味。它需要我們付出巨大的代價——賣掉我們所有的東西，而回報則是由內在的煩擾或它引發的衝突產生的「寶珠」。你能想像它所需的付出和帶來的價值嗎？它給「背負自己的十字架」賦予全新的意義。它對你到底有什麼價值呢？你願意捨棄你的抱怨、八卦、負面情緒、報復心和憤怒，以便讓你的良心，你的守護天使來為你服務嗎？

這個練習很難，但令人驚奇的是，最大的困難不是來自我的朋友、同事乃至陌生人，雖然他們都會帶來困難，最大的困難來自於我的太太，我深愛的太太，以及那些我最親近的人。面對他們，我是那麼難以管住自己的嘴巴，並讓我的評判和憤怒止息。對此我還要多加工作。我很重視這個練習，並且很高興為此而努力，不是為了對抗我的習慣，而是為了得到「寶珠」，為了得到守護天使的幫助。只有得到這個練習的幫助，我們才會有希望。我深深渴望和祈求能夠在任何時候和每一件事情上跟隨我的良心。這就是我的目的。

現在，我的內在有著良心的芥籽，而非從他人那裡借來的信念系統。這完全是屬於我的東西，因為我為此付出了代價，我願意出賣自己的一切來換取這顆「寶珠」。我會因此感受到強烈的痛苦，但我是在新的層次上以一種全新的方式受苦。這種痛苦會滋養我的良心。我仍然不需要改變我觀察到的任何東西，良心會在適當的時機以適當的方式去改變一切。我改變不了任何東西，如果我嘗試去改變，只會像以往一樣把事情搞得一團糟。

湯姆殺死了一隻兔子

湯姆是我太太的父親
一次他告訴我他在八歲生日時
得到了一張弓和六支箭
他在院子裡對著稻草靶子射了幾個小時
終於厭煩了
然後他設置了一些更小更難射的靶
一個易開罐、釘在樹上的一片紙、
一根木頭上的一隻舊鞋
湯姆很棒，三天左右這些也難不倒他了

於是他希望有更有趣更活躍的東西
可以從他面前逃跑的東西
他想要射殺動物

他進入叢林
最先遇到的是一隻嚇呆的兔子
他拉弓射箭，射入兔子體內
但兔子沒有馬上死去
箭射入了地面
將兔子釘在地上
兔子的腿劇烈扭動
牠只能瘋狂的繞著箭轉動
血流下來
兔子的眼神狂野、閃亮而痛苦

湯姆帶著恐懼呆立著
不知所措
當他講到這裡抬頭看著我時

眼裡充滿了痛苦
就像那隻兔子一樣

他放下了弓
再也沒有拿起過
他是個大男人
這故事讓我這麼認為

他在叢林中射了一箭
卻刺穿了自己的心

chapter

XX

高等中心

HIGHER CENTERS

人只靠自己無法成為一個全新的人：這需要在內在產生特定的化合物……當這種特殊的物質累積到足夠數量時，就會開始結晶，就像在水中放入過量的鹽會結晶一樣。當大量的精微物質在人體內累積到一定程度時，一個新的身體就會在內在形成並結晶：這就是一個更高階的新音程中的「do」。這個通常被稱為星光體的身體只能由這種物質形成，而且不可能在無意識的狀態中形成。通常情況下，這種物質可以在身體裡產生，但卻被我們使用和丟棄了。

——葛吉夫，《來自真實世界的聲音》（*Views From The Real World*），第 202 頁

無條件的愛，也就是有意識的愛，會依照有意識行為的法則來運作，而不會依照機械的法則運作。它來自高等中心，是一種恩典的行為。它是造物主接到邀請，自然而全然的進入人體生物機器內。這是疲憊的旅人回到家中，成為自己本來的樣子，即無始無終的無限意識。這時，一個人可以做出聲明：「我就是那個」，或「我和天父是一體的」。這是一種完全不同等級和境界的愛，依照一套完全不同的法則運作。例如，與有意識的愛有關的一個法則是：無條件的愛會在他人身上引發同樣的愛。我在一些大師身上看到了這個法則的運作。我並不是基於一些書籍，或借來的知識或信念來跟你談論這樣的愛，對此我通過親身經歷做了驗證。我付出努力並且等待恩典的降臨。

真正的愛是有界限的，而恐懼沒有。真正的關係具有非常清晰的、雙方共同認可的界限。不尊重這些界限會導致關係出現問題。就是這樣。關係中的界限並不是屬於我們自己的一個主觀而隱祕的觀點，它被雙方認可並可以約束我們的行為。我們之所以願意遵從，是因為我們希望這段關係能夠長久維持。就是這樣。很多時候在一段關係中，兩人都聲稱對彼此有著不滅的愛，但卻在關係中沒有界限，沒有承諾，只想著自己的欲望、何時滿足這些欲望以及如何來滿足。這是一種孩子氣的關係模式，體現了嬰兒希望媽媽對待他的方式。這時，那些微小的和自私的「我」就會得逞，它們進入到關係中然後消失，無可避免就會帶來破壞和分手的結果。無意識的人會做出這樣機械性的選擇，並且無止境的受苦。

當內在的高等中心被啟動時，情況就大不同了。此時，為了他人的忘我而無私的行為就會出現。良心是我們內在接受高等中心影響的裝置。一旦良心覺醒，我們會自願接受高等中心的影響。通過工作，我們對高等中心發出邀請，啟動了它們的影響。良心就是高等中心在我們內在的展現。它是法則的代表，促使人類基於基本的良善，以恰當的方式行事。這是靈魂的本性，也是我們的天賦權利。我們可以做好人和做好事。靈魂是來自靈界的存在，降生到人類生物機器裡來發展無條件的愛的能力。地球是間學校，是靈魂的幼稚園，需要成長的靈魂被送到這裡來學習。這裡的課程很簡單，但並不容易。我們在這裡學習如何沒有限制、期待和條件的愛。每個人天生都有一個學習的工具，即自我觀察。它很簡單，但用來幫助我們學習已經足夠。

為了達到我們的目的，我們必須要收集和儲存攝入印象所攜帶的活躍能量，不讓思考—感受複合系統竊取這些能量，並用於無休止又無用的重複心理劇和機械反應。我們必須「吃掉」攝入印象所攜帶的活躍能量。「有時候我吃掉熊，有時候熊吃掉我」，這是薩滿傳統對這個練習的描述。在二十世紀中葉的紐約，有一個神祕的人開了一家古董店，他成為了靈性圈中的傳奇人物。人們叫他魯迪（Rudi），又稱如德亞南達大師（Swami Rudrananda）。魯迪善於吸收攝入印象所帶來的活躍能量，他也教導別人這麼做。他以高等中心來工作。他會和他的學生在屋子裡靜坐幾個小時，不帶任何干擾和認同，吸收攝入印象所攜帶的活躍能量。他顯然擅長此道，而這會讓身體啟動高等的功能，成為一個「能量轉化裝置」。我們的任務就是有意識的不去干擾攝入的能量，允許身體的高等功能來運作。如果我們不斷的竊取這些能量，身體就會保持在一個哺乳動物的層次，只是一台機器。

吸收攝入印象所攜帶的活躍能量，是人類被創造出來需要做的工作，這除了幫助造物主維繫祂的創造，也提供更精微的物質或資糧，幫助我們創造高等能量的身體，或是滋養如地球這般的天體。但，我們也可從另一個角度，從一個低些的層面理解這件事。胡蘿蔔帶有很粗糙的能量，身體無法利用，於是我們把它咀嚼分解並與唾液混合，然後在胃中與胃液混合。這樣胡蘿蔔就變得越來越精細，並且在通過胃和小腸時逐漸被吸收並融入血液。

攝入印象所攜帶的活躍能量是粗糙的，而造物主的能量則是非常精微的，可以稱之為愛、客觀、智慧或氣。如果我們不去干擾這些能量，不竊取它用於自私的心理戲劇、幻想、負面情緒和想像，我們的身體就可以行使它作為「能量轉化裝置」的高等功能，並滋養造物主或高等中心。宇宙中的一切都需要進食，這是個客觀的法則。造物主也不例外。

這條路需要勇氣，而勇氣不會白來。勇氣不是給英雄準備的，英雄不需要勇氣。勇氣是像我這樣懦弱的人所需要的。它來自於清晰看到內在的恐怖狀況，看到那狀況有多糟。於是我得到勇氣進入未知，因為已知是令人難以接受和承受的。在一些神經科學的新發現後，未知也就沒那麼神祕了。喬納・雷勒（Jonah Lehrer）在《紐約客》（*New Yorker*）上發表的文章〈興奮的獵人〉（The Eureka Hunt）裡介紹了這些新發現。他引用了針對大腦前額葉新皮質的研究結果，他提到：「……前額葉皮質（位於大腦的頂部）控制著其他區域的活動。」這些研究不僅集中在大腦的頂部，而且也涉及了右腦。右腦是通往未知的大門，這部分的大腦連接著高等中心。這些研究表明，腦波圖精確的測量了被測者產生「洞見」（我稱之為靈感）時的腦波狀態：「……腦波圖記錄到γ波的高峰，這是人腦能夠發出的頻率裡最高的腦波。γ波被認為是來自神經元『連結』的狀態，就好像大腦皮質上分布的細胞聚合成一個網絡，這樣就可以進入有意識的狀態。」換句話說，大腦在「洞見」產生時，被重組和轉化成一種全新的未知狀態。這也是冥想和自我觀察可以帶來的狀態。雷勒說：「一個洞見就是對於頭腦儲存的海量未知資訊的短暫一瞥。此時，大腦皮質祕密展示了它的一部分。」

這在一些傳統的靈性體系中並不新鮮。聖者奎師那教導阿諸那「把注意力放在兩眉之間」，他之所以這樣做，是因為大師都知道持續而有意識的把注意力放在那裡會引發大腦皮質γ波，這些腦波來自於高等中心，會讓大腦皮質向高等中心敞開。這是完全可行的，通常我們只是沒有連接上高等中心。而連接上高等中心的結果就是「開悟」。這就是開悟背後的原理。

當我們有意識的讓左腦活動聚焦在感覺和身體上，並把注意力置於大腦皮質前頁的上部時，就可以控制左腦，讓它不再隨機和強迫的去對它儲存的內容進行搜索和歸類。這樣，左腦就找到了自己在人體內適當的位置，它會逐漸理解它本應承擔的職責。它會瞭解它在人體中做什麼工作最有效。

在一些薩滿傳統中，這被稱為「清理音島」（cleaning the island of the tonal）。在這種島（大腦）的一邊存在著各種各樣的帶有自身企圖的「我」，它們試圖去抓住我們的注意力，那裡就像一座精神病院。而在另一半的右腦則像一個靜默的見證者一樣，沒有任何介入的觀察著。當左腦的那群「我」得不到滋養，它們就會安靜下來。這時，左腦就可以恢復它的高等功能，作為右腦的順從僕人，進而有意識的活躍起來，接收高等中心的訊息。右腦一旦被有意識啟動，就成為了與未知連接的導體，傳導「洞見」和智慧。這是另一種形式的冥想，在行動中的冥想。

靈魂客觀而主動的對身體及其功能進行冥想，沒有任何欲望和干擾，以及身體被動接受靈魂散發出來的影響。這種客觀冥想的結果就是：身體沒有任何緊張，不必要的思緒逐漸消失，不恰當的情緒逐漸停止。這就是古代的靈性傳統認為的「開悟狀態」。現在，我成為了一個導體，一如禪宗所講的「空竹」。我不加干擾的去接收高等中心的影響，以及帶有活躍能量的印象。我是宇宙創造進程中的一個工作單位，成熟擔當起我應有的職責，並且與造物主和諧一致。這就是最高層次的「記得自己」。

我們內在的高等中心一直在運作，但它的影響被喋喋不休的大腦所淹沒。我們必須安靜下來，「讓世界停止」，以便能接收到它的影響。但是依據法則，我們必須發出邀請。認同會阻礙我接收它的影響。當我能夠感覺到內在的臨在（另一層面的「記得自己」），幫助就會到來，轉化就會發生。頭腦的狀態會被調整，我的內在也得到了轉化。

呼喚雨的精靈

我的女兒們和我曾開車經過一個地方
那裡的樹和草都著了火
我們停下車
溫度有一百度，沒有雲彩
沒有可以救火的東西
我那叫雨點的女兒那時五歲
她說她會呼喚雨的精靈
她這麼做了

她閉上眼坐在車後座
盤著雙腿然後直挺挺倒下去
她完全靜止不動
我那叫微風的女兒和我看著她
不知所措
幾分鐘後雨點坐起來
又過了幾分鐘後大雨落下
過往車輛不得不停在一邊
火馬上被澆滅

我看著這一切發生
這只是孩子的遊戲
我並不指望你相信

我告訴你這一切只因為
我看到我們為了合理性而放棄信任
這會讓我們付出多大的代價
雨點知道要怎麼做並去做了
我看到了
我不指望你相信

尾聲

Epilogue

在戰士的旅途上……我們不是去超越一切眾生的痛苦，而是要不惜代價向著湍流和疑惑前進。我們探索不安與痛苦的真相和不確定性，而非推開它們。如果這要花上很多年——乃至很多世——我們就讓它這麼發生。我們以自己的步調前進，不需加速和野心。我們向下再向下。與我們一起的還有其他幾百萬人，他們都是我們從恐懼中覺醒的夥伴。

——佩瑪・邱卓（*Pema Chödrön*）

為了能敏銳和真正客觀的看清楚，一個人必須想辦法完全不捲入任何的思緒、情緒和體驗。這是非常難的，但即使困難，也必須要做到。不捲入任何的思緒、情緒和體驗，為我們從開悟的角度去看提供了基礎……一個人必須通過冥想和靜心來達到不捲入的狀態，這樣才能感知到實相……最終，他不得不問自己：我現在的位置是怎樣的？我在多大程度上能夠真正做到不捲入正在感知的物件？這種靜心狀態必須要保持。這不是件一勞永逸的事。

——安德魯・科恩（*Andrew Cohen*），〈全然覺醒狀態的弔詭〉（The Paradox of the Fully Awakened Condition），《什麼是開悟?》（*What is Enlightenment?*）二：一，第六～七頁，一九九三年一月

你還沒有真正受夠恐懼，否則你就會丟下它。你因為一些原因而不願放手讓它去，還是緊抓著它。你無法改變自己，什麼也改變不了你——無論是原始療法還是支持團體——什麼都沒用。所有能發生的改變就是你變得接納自己。即使是上帝也改變不了你。否則的話，為什麼祂要把你創造成這個樣子，當你有問題時又改變不了你呢？如果祂真的能改變你，那麼你就不再是你了。祂以唯一可能的方式創造了你。你認為你醜陋，那你就是醜陋的。你不喜歡你的身體，不喜歡你的頭腦，但它們就是你，

接受它們……

小我想要改變，變得喜悅、開悟和獨特。沒有人愛自己。有宗教信仰的人會具有這樣的美好態度——什麼都無法改變，所以吃好，活著，享受。他不會浪費能量去和自己對抗。除了態度有問題，一切都沒有問題。你想把一個圓變成方的——這不可能，即使做到了，圓也就不是圓了。

——奧修（OSHO），《達顯前的筆記》（*Pre-Darshan Notes*），印度普納，一九七五年六月廿六日

尾聲

EPILOGUE

詞彙註釋及中英文對照表　GLOSSARY OF TERMS

- **機械的**（Mechanical）：被習慣所驅動，自行運轉，無意識，沒有覺察力。
- **意圖**（Intention）：來自於理智中心，甚至可能來自更深層的本質。當它與來自情感中心的渴望結合時，就會產生意志力（參見渴望、意志力）。
- **注意力**（Attention）：將頭腦、感受和本質聚焦於一個物體或過程上的行為；本質就是人內在的注意力，注意力就是意識（參見存在）。
- **意識**（Consciousness）：所有生命中都有的本源生命力或智慧。對於本質或臨在的一種「我在」的感覺。一種存在感。一種不受小我干擾的自由注意力。這股力量在人類的內在可以通過有意識的努力發展和成熟，並達到造物主的層次。自我觀察就是達到這種狀態的工具。
- **專注力**（Will of Attention）：一種基本和起碼的能力，有意識的把注意力投注在特定的物體或內在過程上，即使在認同狀態中無法採取其他行動時也可以做得到。這是一種在日常生活中看到自己本來面目的能力。
- **認同**（Identification）：我就是那個。相信自己就是身體，就是身體的活動或機能，或是其他任何東西

（相信自己是注意力除外）。

• **客觀**（Objective）：看待一個物體或過程的角度，它不受小我，或是小我的信念、觀點、評判、好惡所干擾，不會認同於所觀察到的物體或過程（參見認同、小我）。

• **負面情緒**（Negative Emotion）：所有以恐懼為基礎的情緒，與當下面臨的危險無關的情緒。那些不是愛的情緒。

• **基本的良善**（Basic Goodness）：不受小我左右的本性，被良心所影響和引導的本質（創巴仁波切的說法）。

• **靈魂**（Soul）：（參見存在）。

• **機器**（Instrument）：（參見人類生物機器）。

• **造物主**（Creator）：誰知道啊？我的小我不知道，大我可能會知道。

• **工作**（Work），**也叫自我實修**（Practial Work on Self）：有意識的和自願的內在工作，不帶評判和改變企圖去觀察自己的本來面目；在日常生活中記得自己；不受緩衝器、謊言、責備和辯解干擾，能觀察到自己的本來面目並因此而痛苦。

• **人類生物機器**（Human Biology Instrument）：對身體更為客觀的看法。

• **存在**（Being）：有很多名字，靈魂、大我、心靈或意識，在一般的生命中處於未發展狀態，只有通過特別的、有意識的努力才能發展（參見注意力）。

- **中心**（Centers）：有些體系稱之為脈輪、體內的能量轉化點。第四道體系在這裡主要考慮四個中心：理智中心（頭腦）、情感中心（太陽神經叢）、本能中心（肚臍）和運動中心（脊柱末端）。此外還有高等情感中心和高等理智中心，它們存在於身體之外，但可以與身體相連接。
- **感覺**（Sensation）：身體內能量的流動，表現為注意力和輸入五種感官的資訊。
- **目標**（Aim）：意圖（來自理智中心）和渴望（來自情感中心）的力量相結合的結果。真正的目標來自於良心，是擁有意志力的開始（參見意圖、意志力）。
- **汙染**（Contamination）：認同於身體及身體的機能和侷限，認同於外界的物體和人，也叫盲點（參見盲點）。是由那些出於好意但卻無知的人，在我們童年時輸入到我們身體能量中心內的模式，這些模式定義、限制和約束了自我，約束了我們的生命和我們經驗到的世界。它們控制了我們觀察和感受的方式及物件範圍。
- **自願的受苦**（Voluntary Suffering）：與人類一般意義上因習慣、信念系統、期待和欲望所受的苦不同，它是有意識的刻意觀察自己，不帶任何評判和改變的企圖。它與平常機械的受苦不一樣，具有轉化本質的力量。
- **意志力**（Will）：有意識的把理智中心、情感中心和本能—運動中心同時聚焦在一個物體、行為、方向或過程上。這是一種控制注意力的能力。
- **可靠的身體**（Honest Body）：有意識放鬆的身體，尤其是在遭遇壓力時；沒有不必要的緊張和認同的身體。
- **小我**（Ego）：指整個的理智—情感系統，不僅位於思考—感受複合系統中，也位於運動中心裡，表現為各種姿勢和動作。
- **盲點**（Blind Spot）：也稱為主要特徵、大腦死結、卑鄙的專制者、汙染、主要問題、主要缺陷。它是幕後的黑手。我們的思考—感受複合系統或小我都是以這個主要特徵為核心建立起來的。

• **迷宮**（Labyrinth）：「思考—感受複合系統」的另一種說法。

• **良心**（Conscience）：人體與造物主的心和腦本來就有的連接，真正意志力的本源（參見意志力），有些人也稱之為聖靈或守護天使。

• **緩衝器**（Buffers）：一個有著下列功能的系統——保護小我的結構、防止我看到自己的本來面目、防止我看到內在各種「我」之間的矛盾。它還包括很多方面，如責備、辯解、自大、自憐。

• **瘋狂地帶**（Corridor of Madness）：在自我觀察的過程中會有一個階段，此時緩衝器被移除了，盲點完全暴露，工作的阻力也很大，內在的「世界末日的善惡大決戰」爆發了。唯一能讓工作繼續下去的希望就是完全依靠老師、方法、同修以及自己的努力。內在的角度必須要變換。

• **渴望**（Wish）：來自情感中心，甚至可能來自更深層的本質。這是自願受苦的結果，是我在看到對內在改變的需求後進行求助的第一聲呼喊（參見目標、意圖、意志力）。

• **工作系統**（Work Circle），**或內在工作系統**（Inner Work Circle）：通過不認同於觀察對象，在內在創造的不帶評判的空間。在這裡，任何的內在反應都是被允許的，不會受到干擾。那些微小的內在群「我」被集合在一起來支援工作。頭腦和身體會通過感覺被連接起來，以保證各中心的和諧運作。

誰是葛吉夫？ WHO IS G. I. GURDJIEFF?

印度靈性大師奧修這一生很少推崇過什麼人，但他稱讚葛吉夫是一個卓越的師父，一個開路先鋒，為二十世紀靈性生活開啟了全新的觀念。葛吉夫是一個身分多重的有趣人物，他是一位靈性導師、催眠師、舞蹈家、魔術師，也可以是廚師、泥水匠、地毯商、古董商、古物鑑定家、機械維修師。他畢生不受道德約束，沒有固定行為模式，有時候會為了刻意打破社會常軌，在晚宴中安排上流社會人士坐在清道夫旁，讓淑女與妓女同桌。葛吉夫對傳授靈性知識沒有興趣，也不想給人任何美麗的理論、洞見、幻相；他對你的眼淚、你的情感、你的情緒，都沒有興趣；他不要任何人崇拜他、追隨他，他只想要人們願意從內在蛻變，走出自己的路。他是一位嚴苛的老師，同時也是一個充滿愛與慈悲的師父。

葛吉夫（1866-1949），這位出生於高加索的亞美尼亞思想家與哲學家，父親是希臘人，母親是亞美尼亞人，終其一生的行事作風充滿著傳奇、瘋狂與神祕色彩。

葛吉夫從童年起，就非常渴望瞭解人類存在的奧祕，為了尋找終極答案，他的前半生將近二十年時間，遊遍中東和中亞，深入希臘、亞美尼亞、土耳其、俄國、庫德、韃靼，甚至印度、西藏、埃及、麥加、蘇丹、伊拉克等地，接觸基督教、蘇菲教、佛教到薩滿等古老宗教信仰與智慧。他專注研究宗教和科學，但最後發現，無論是宗教還是科學，都無法個別解釋人類生死的意義。他堅信遠在古代，有一種真正而完整的知識，是透過口語代代相傳。最後，他終於找到那個「被遺忘的關於生命層面的知識」，並將之整合融會成為一門「古老的科學」，也就是「第四道」體系。他聲稱「第四道」這個系統不是他的發明，而是融合佛教、蘇菲教、基督教等古老智慧的精髓，並納入自己原創性的理念，透過弟子鄔斯賓斯基的系統整理，整個「第四道」體系才得以完整明確。

葛吉夫基本上認為：人的一生都在沉睡中，所有的人都是「機器」，受制於外在的環境影響。他將人分為幾個獨立的中心——本能（肉體）中心、情感中心、理智中心。要使這些中心能夠平衡發展，必須對之「下功夫」（the work）。第四道的教學目標，即透過一起生活與工作，保持每一個中心的覺知，讓人們成為一個具有真正自由意志的「真我」。

一九一二年，葛吉夫開始在莫斯科和聖彼得堡招收學生。第一次世界大戰之初，他來到莫斯科與聖彼得堡，成立了自己的修行團體。一九一七年，在俄國大革命期間，他帶著幾名弟子離開俄國，經歷了無盡的艱苦考驗，終於在一九二二年於法國楓丹白露定居，創立「人類和諧發展機構」。在這些年中，為了傳播他的教學和吸引追隨者，他帶給世人一個博大精深的理論體系。在一九二四年一次幾乎致命的車禍後，葛吉夫關閉了學院，並在往後十年致力撰寫他關於人類生命的三部曲，書名是《所有及一切》（*All and Everything*）。他在一九三五年停止寫作，大多數時間都在巴黎與學生們一起進行密集的工作，直到一九四九年去世。晚年時，他避而不談與理論相關的問題，因為它們太過形而上。他的教學開始改變，轉而變成一種對實相的直接感知。

葛吉夫的重要著作《所有及一切》分成三集出版，分別是《別希普講給孫子的故事》（*Beelzebub's Tales to His Grandson*, 1950）、《與奇人相遇》（*Meeting with Remarkable Men*, 1963）和《只有「我是」時，生命才是真實的》（*Life is Real Only Then, When "I Am"*, 1975）。他在一九一四至一九二四年間傳授的理論體系被忠實的記載於P. D. 鄔斯賓斯基（P. D. Ouspensky）的著作《探索奇蹟》（*In Search of the Miraculous*, 1949），以及主要由珍妮・迪・薩爾斯曼記錄的筆記整理而成的《來自真實世界的聲音》（*View from the Real World*, 1974）。

葛吉夫的教學包含以下幾個基本的概念：

三力一組的法則（簡稱三的法則）（The Law of Three Forces [The Law of Three]）。葛吉夫教導我們：從分子到任何世界中的宇宙，無論在哪一個層級上，每一個現象都是三種相對力量組合的結果——正面的（肯定的）力量、負面的（否定的）力量和中和的（和解的）力量。三種力量的整合取決於對肯定力量與否定力量的面對，以及連接這二者的和解力量的出現。第三種力量來自於真實的世界——「事物的本相」和「我的本相」。

八度音階的法則（簡稱七的法則）（The Law of Octaves[The Law of Seven]）。宇宙中所有的物質都含有趨向於有形顯化的下降振動（退化）或趨向於回歸無形源頭的上升振動（進化）。它們的發展不是持續性的，具有在特定斷層發生週期性加速和減速的特點。掌控這一過程的法則可以用一個古老的公式來體現，它將振動發生加倍的一個週期依照振動增加的速率劃分為八個不均等的階段。這個週期被稱為一個「八度音階」，也就是說「包含八個部分」。這個公式是《聖經》神話中創造世界和我們劃分工作日和休息日的基礎。這個公式應用在音樂中就表現為音階，即do-re-mi-fa-sol-la-si-do，在mi-fa和si-do的斷層中，會缺失一些半音。朝向意識的內在活動在這兩個斷層處需要一個「有意識的衝擊」才能到達更高的層次，也就是一個新的八度音階。

九宮圖（Enneagram）。圖中有一個三角形位於一個被九等分的圓形中。它代表了三力一組的法則和八度音階的法則。葛吉夫稱之為「萬能的符號」，它展現了一個八度音階的內在法則，提供了一個認知事物本質特性的方法。閉合的圓圈代表這一現象的獨立存在，象徵著一種永恆的回歸和不受阻礙的流動過程。

國家圖書館出版品預行編目 (CIP) 資料
觀察自己：第四道靈性大師葛吉夫入門 / 雷德 . 霍克 (Red Hawk) 作；孫霖譯 . -- 二版 . -- 臺北市：新星球出版：大雁出版基地發行，2023.04
面； 公分 . -- (Spiritual life ; 10R)
譯自：Self observation : the awakening of conscience.
ISBN 978-986-06202-8-3(平裝)

1.CST: 靈修 2.CST: 意識

192.1 112003901

SPIRITUAL LIFE——10R

觀察自己

第四道靈性大師葛吉夫入門

Self Observation: The Awakening of Conscience [An Owner's Manual]

作　者——雷德 . 霍克（Red Hawk）
譯　者——孫霖
美術設計——elf-19
內頁構成——bear 工作室
特約編輯——chienwei wang
校　對——簡淑媛、黃妏俐、chienwei wang

新星球出版 NEW PLANET BOOKS
…
業務發行——王綬晨、邱紹溢
行銷企劃——陳詩婷
總編輯——蘇拾平
發行人——蘇拾平
出　版——新星球出版
105 台北市松山區復興北路 333 號 11 樓之 4
電　話——（02）27182001
傳　真——（02）27181258
發　行——大雁出版基地
105 台北市松山區復興北路 333 號 11 樓之 4
24 小時傳真服務／（02）27181258
讀者服務信箱——andbooks@andbooks.com.tw
劃撥帳號——19983379
戶　名——大雁文化事業股份有限公司
印　刷——中原造像股份有限公司
二版一刷——2023 年 4 月
定　價——350 元
ISBN——978-986-06202-8-3